# AIMEZ-VOUS
# BRAHMS..

# DU MÊME AUTEUR
## *CHEZ POCKET*

... ET TOUTE MA SYMPATHIE

BONJOUR TRISTESSE

LA CHAMADE

LE CHIEN COUCHANT

DANS UN MOIS, DANS UN AN

LES FAUX-FUYANTS

LE GARDE DU CŒUR

LA LAISSE

LE LIT DÉFAIT

LES MERVEILLEUX NUAGES

MUSIQUES DE SCÈNES

RÉPLIQUES

SARAH BERNHARDT

UN CERTAIN SOURIRE

UN ORAGE IMMOBILE

UN PIANO DANS L'HERBE

LES VIOLONS PARFOIS

UN CHAGRIN DE PASSAGE

UN PEU DE SOLEIL DANS L'EAU FROIDE

UN PROFIL PERDU

LE MIROIR ÉGARÉ

DES BLEUS À L'ÂME

FRANÇOISE SAGAN

# AIMEZ-VOUS BRAHMS..

JULLIARD

© 1959, by René Julliard.
ISBN 2-266-05256-X

*A GUY*

# CHAPITRE PREMIER

Paule contemplait son visage dans la glace et en détaillait les défaites accumulées en trente-neuf ans, une par une, non point avec l'affolement, l'acrimonie coutumiers en ce cas, mais avec une tranquillité à peine attentive. Comme si la peau tiède, que ses deux doigts tendaient parfois pour souligner une ride, pour faire ressortir une ombre, eût été à quelqu'un d'autre, à une autre Paule passionnément préoccupée de sa beauté et passant difficilement du rang de jeune femme au rang de femme jeune : une femme qu'elle reconnaissait à peine. Elle s'était mise devant ce miroir pour tuer le temps et — cette idée la fit sourire — elle découvrait que c'était lui qui la tuait à petit feu, doucement, s'attaquant à une apparence qu'elle savait avoir été aimée.

Roger devait venir à neuf heures ; il en était sept ; elle avait tout le temps. Le temps de s'allonger sur son lit, les yeux fermés, de ne penser à rien. De se détendre. De se relaxer. Mais à quoi pensait-elle de si passionnant, de si exténuant dans la journée pour devoir s'en reposer le soir ? Et cette nonchalance inquiète qui la menait d'une pièce à l'autre, d'une fenêtre à l'autre, elle la reconnaissait bien. C'était celle de son enfance, les jours de pluie.

Elle entra dans la salle de bains, se pencha pour toucher l'eau dans la baignoire, et ce geste lui en rappela subitement un autre… Il y avait près de quinze ans. Elle était avec Marc, ils passaient leurs vacances ensemble pour la seconde année et déjà elle sentait que tout cela ne pourrait durer. Ils étaient sur le voilier de Marc, la voile battait au vent comme un cœur incertain, elle avait vingt-cinq ans. Et subitement elle s'était sentie envahie de bonheur, acceptant tout de sa vie, acceptant le monde, comprenant en un éclair que tout était bien. Et pour cacher son visage, elle s'était penchée sur le plat-bord, cherchant à tremper ses doigts dans l'eau fuyante. Le petit voilier avait gîté ; Marc lui avait lancé un de ces regards atones dont il avait le secret et, en elle, aussitôt l'ironie avait remplacé le bonheur. Bien sûr, elle avait été heureuse ensuite, avec ou par d'autres, mais jamais de cette manière totale, irremplaçable. Et ce souvenir ressemblait finalement à celui d'une promesse mal tenue.

*

Roger allait venir, elle lui expliquerait, elle essaierait de lui expliquer. Il dirait « oui, bien sûr » avec l'espèce de satisfaction qu'il prenait chaque fois à découvrir les tricheries de la vie, un réel enthousiasme à commenter l'absurdité de l'existence, leur entêtement à la prolonger. Seulement, tout cela était compensé chez lui par une incessante vitalité, de durs appétits et, au fond, un grand contentement d'être qui ne s'arrêtait qu'avec son sommeil. Alors, il s'endormait d'un coup, la main sur le cœur, aussi attentif à sa vie en dormant qu'éveillé. Non, elle ne pourrait pas expliquer à Roger qu'elle était lasse, qu'elle n'en pouvait plus de cette liberté installée entre eux comme une loi, cette liberté dont il était le seul à se servir et qui ne représentait pour elle que la solitude ; elle ne pourrait pas lui dire qu'elle se sentait parfois comme une de ces femelles âpres et possessives qu'il haïssait. Brusquement, son appartement désert lui parut horrible et inutile.

A neuf heures, Roger sonna et en lui ouvrant, en le voyant souriant, un peu massif, devant la porte, elle se dit, une fois de plus et avec résignation, que c'était là son destin et qu'elle l'aimait. Il la prit dans ses bras :

« Que tu es bien habillée... Je m'ennuyais de toi. Tu es seule ?

— Oui. Entre. »

« Tu es seule... ? » Qu'eût-il fait si elle lui avait répondu : « Non, tu tombes mal » ? Mais depuis six ans, elle ne l'avait jamais dit. Il ne manquait pas de le lui demander, de s'excuser parfois de la déranger, par une rouerie qu'elle lui reprochait plus que son inconstance. (Il ne pouvait même pas admettre l'idée qu'elle pût être seule et malheureuse par lui.) Elle lui sourit. Il ouvrit une bouteille, remplit deux verres, s'assit :

« Viens près de moi, Paule. Où veux-tu que nous allions dîner ? »

Elle s'assit près de lui. Il avait l'air las, lui aussi. Il lui prit la main, la serra.

« Je nage dans les complications, dit-il. Les affaires sont idiotes, les gens sont bêtes et mous comme il n'est pas possible. Ah ! tu sais, vivre à la campagne... »

Elle se mit à rire :

« Ton Quai-de-Bercy te manquerait, et tes entrepôts, et tes camions. Et tes longues nuits dans Paris... »

A la dernière phrase, il sourit, s'étira et se laissa tomber en arrière sur le divan. Elle ne se retourna pas. Elle regardait sa main qu'il avait laissée sur la sienne, une large main ouverte. Elle connaissait tout de lui, ses cheveux drus et plantés bas, l'expression exacte de ses yeux bleus un peu saillants, le pli de sa bouche. Elle le savait par cœur.

« A propos, dit-il, à propos de mes folles nuits, j'ai été ramassé par des agents, l'autre soir, comme un gamin. Je m'étais battu avec un type. A plus de quarante ans... Au poste... Tu te rends compte...

— Pourquoi te battais-tu?

— Je ne me rappelle pas. Mais il était mal en point. »

Et comme si le souvenir de cette démonstration physique l'avait ranimé, il se leva d'un bond.

« Je sais où on va, dit-il. Au Piemontias. Après on ira danser. Si tu veux bien considérer que je danse.

— Tu te promènes, dit Paule. Tu ne danses pas.

— Ce n'est pas l'avis de tout le monde.

— Si tu parles des malheureuses que tu subjugues, dit Paule, c'est autre chose. »

Ils se mirent à rire. Les petites aventures de Roger étaient un excellent sujet de plaisanterie entre eux. Paule s'appuya au mur un instant avant de mettre la main sur la rampe. Elle était sans courage.

Dans la voiture de Roger, elle mit la radio

d'une main distraite. Elle entrevit une seconde, sous la lumière blafarde du tableau de bord, sa propre main, longue et soignée. Les veines s'étalaient dessus, commençaient à grimper à l'assaut des doigts, s'entremêlaient en un dessin désordonné. « A l'image de ma vie », pensa-t-elle, puis elle réfléchit aussitôt que cette image était fausse. Elle avait un métier qui lui plaisait, un passé sans regrets, de bons amis. Et une liaison durable. Elle se tourna vers Roger :

« Combien de fois ai-je fait ce geste : allumer la radio de ta voiture en partant dîner avec toi ?

— Je ne sais pas. »

Il lui jeta un coup d'œil oblique. Malgré le temps et la certitude qu'il avait de son amour pour lui, il restait étonnamment sensible à ses humeurs, toujours aux aguets. Comme aux premiers temps... Elle refréna un : « Te souviens-tu ? » et décida de faire très attention ce soir-là à sa propre sentimentalité.

« Ça te paraît usé ?

— Non. C'est moi qui me sens un peu usée parfois. »

Il tendit la main vers elle, elle la prit entre les siennes. Il conduisait vite, les rues connues se pressaient sous la voiture, Paris luisait d'une pluie automnale. Il se mit à rire.

« Je me demande pourquoi je conduis si vite. Je crains que ce ne soit pour faire le jeune homme. »

Elle ne répondit pas. Depuis qu'elle le connaissait, il faisait le jeune homme, il était le « jeune homme ». Ce n'était que depuis peu qu'il le lui avouait, et cet aveu même lui faisait peur. Elle prenait une peur grandissante du rôle de confidente où elle se laissait glisser, à force de compréhension, à force de tendresse. Il était sa vie, il l'oubliait et elle l'aidait à l'oublier, avec une pudeur tout à fait honorable.

Ils dînèrent tranquillement, en parlant des ennuis communs à toutes les entreprises de transport comme celle de Roger, puis elle lui raconta deux ou trois anecdotes amusantes sur les magasins qu'elle décorait. Une cliente de Fath voulait absolument qu'elle s'occupât de son appartement. Une Américaine, assez riche.

« Van den Besh ? dit Roger. Ça me dit quelque chose. Ah ! oui... »

Elle haussa les sourcils. Il avait l'air allègre que lui donnait certaine catégorie de souvenirs.

« Je la connaissais dans le temps. Avant la guerre, je crains. Elle était toujours chez « Florence ».

— Depuis, elle s'est mariée, divorcée, etc.

— Oui, oui, dit-il rêveur, elle s'appelait euh... »

Il l'agaçait. Elle eut brusquement envie de lui planter sa fourchette dans la paume.

« Son prénom m'indiffère, dit-elle. Je crois qu'elle a pas mal d'argent et aucun goût. Exactement ce dont j'ai besoin pour vivre.

— Quel âge a-t-elle maintenant ?

— Dans les soixante », dit-elle froidement, et en voyant l'expression de Roger, elle éclata de rire. Il se pencha à travers la table, la fixa :

« Tu es vraiment horrible. Tu fais tout pour me déprimer. Je t'aime quand même mais je ne devrais pas. »

Il se plaisait à jouer les victimes. Elle soupira.

« Quoi qu'il en soit, j'y vais demain. Avenue Kléber. J'ai des besoins d'argent qui deviennent angoissants. Et toi aussi, ajouta-t-elle vivement comme il levait la main.

14

— Parlons d'autre chose, dit-il. Allons danser un peu. »

Dans la boîte de nuit, ils s'assirent à une petite table loin de la piste et regardèrent défiler les visages sans un mot. Elle avait sa main sur la sienne, elle se sentait parfaitement en sécurité, parfaitement habituée à lui. Jamais elle ne pourrait faire l'effort de connaître quelqu'un d'autre et elle puisait en cette certitude un bonheur triste. Ils dansèrent. Il la tenait solidement, traversant la piste d'un bout à l'autre sans aucun rythme, l'air très content de lui-même. Elle était très heureuse.

Plus tard, ils revinrent en voiture, il descendit et la prit dans ses bras devant le porche.

« Je te laisse dormir. A demain, mon chéri. »

Il l'embrassa légèrement et partit. Elle agita la main. Il la laissait dormir de plus en plus souvent. Son appartement était vide et elle rangea méticuleusement ses affaires avant de s'asseoir sur le lit, les larmes aux yeux. Elle était seule, cette nuit encore, et sa vie à venir lui apparut comme une longue suite de nuits solitaires, dans des draps jamais froissés, dans une tranquillité morne comme celle d'une longue maladie. Dans son lit, elle étendit le bras instinctivement comme s'il y avait un flanc tiède à toucher, elle respirait doucement comme pour protéger le sommeil de quelqu'un. Un homme ou un enfant. N'importe qui, qui ait besoin d'elle, de sa chaleur pour dormir et s'éveiller. Mais personne n'avait vraiment besoin d'elle. Roger, peut-être, par à-coups... Mais pas vraiment. Pas de cette façon, non pas passionnelle, mais physiologique qu'elle avait parfois ressentie. Elle remâchait doucement, amèrement sa solitude.

Roger laissa sa voiture devant chez lui et marcha à pied un long moment. Il respirait profondément, allongeait son pas peu à peu. Il se sentait bien. Il se sentait bien chaque fois qu'il voyait Paule, il n'aimait qu'elle. Seulement, ce soir, en la quittant, il avait senti sa tristesse et il n'avait su que dire. Elle lui demandait quelque chose confusément, il le savait bien, quelque chose qu'il ne pouvait pas lui donner, qu'il n'avait jamais pu donner à personne. Sans doute, il aurait dû rester avec elle et lui faire l'amour, c'était encore le meilleur moyen de rassurer une femme. Mais il avait envie de marcher, de parcourir les rues, de rôder. Il avait envie d'entendre le bruit de son pas sur le pavé, de surveiller cette ville qu'il connaissait si bien, et peut-être d'en surprendre les occasions nocturnes. Il se dirigea vers les lumières au bout du quai.

## CHAPITRE II

Elle s'éveilla courbatue, en retard, et partit précipitamment. Elle devait passer chez cette Américaine avant de se rendre à son bureau. A dix heures, elle entra dans un salon à moitié vide, avenue Kléber, et, comme la propriétaire dormait encore, se refit tranquillement un maquillage devant la glace. C'est dans la glace qu'elle vit venir Simon. Il portait une robe de chambre trop grande, il était décoiffé et remarquablement beau. « Pas mon genre », pensa-t-elle toujours sans se retourner et elle se sourit un instant. Il était très mince, très brun, avec des yeux clairs, un peu trop fin.

Il ne la vit pas tout d'abord et se dirigea vers la fenêtre en chantonnant. Elle toussa et il se tourna vers elle, l'air pris en faute. Elle pensa une seconde que ce devait être la dernière fantaisie de Mme Van den Besh.

« Je vous demande pardon, dit-il, je ne vous avais pas vue. Je suis Simon Van den Besh.

— Votre mère m'a demandé de passer ce matin pour m'occuper de son appartement. Je crains d'avoir réveillé tout le monde.

— De toute manière, il faut toujours se réveiller, tôt ou tard », dit-il tristement. Et elle pensa

17

avec lassitude qu'il devait être du style petit jeune homme plaintif.

« Asseyez-vous donc », dit-il, et il prit place en face d'elle très sérieusement en resserrant sa robe de chambre autour de lui.

Il avait l'air plutôt intimidé. Paule commença à éprouver une vague sympathie pour lui. En tout cas, il ne semblait absolument pas conscient de son physique : c'était inespéré.

« Je crois qu'il pleut toujours ? »

Elle se mit à rire. Elle pensait à l'expression de Roger, s'il la voyait assise, avec son visage de femme d'affaires, terrorisant un petit jeune homme trop beau, en robe de chambre, à dix heures du matin.

« Oui, oui, il pleut », dit-elle gaiement.

Il leva les yeux.

« Que voulez-vous que je vous dise ? dit-il. Je ne vous connais pas. Si je vous connaissais déjà, je vous dirais que je suis très heureux de vous revoir. »

Elle le regarda, interloquée.

« Pourquoi ?

— Comme ça. »

Il détourna la tête. Elle le trouvait de plus en plus étrange.

« Cet appartement a effectivement besoin d'être un peu meublé, dit-elle. Où vous asseyez-vous, lorsque vous êtes plus de trois ?

— Je ne sais pas, dit-il. Je suis rarement là. Je travaille toute la journée et, en rentrant, je suis si fatigué que je me couche. »

Paule perdait décidément toutes ses idées sur ce garçon. Il ne faisait pas profession de son physique, il travaillait tout le jour. Elle faillit demander : « Que faites-vous ? » et s'arrêta. Cette curiosité lui était peu naturelle.

« Je suis avocat stagiaire, reprit Simon. C'est beaucoup de travail, couché à minuit, levé à l'aube...

— Il est dix heures, fit remarquer Paule.

— On a guillotiné mon principal client ce matin », dit-il d'une voix traînante.

Elle sursauta. Il gardait les yeux baissés.

« Mon Dieu, dit-elle... et il est mort? »

Ils éclatèrent de rire ensemble. Il se leva et prit une cigarette sur la cheminée.

« Non, en fait, je ne travaille pas beaucoup, pas assez. Vous, en revanche, levée à dix heures du matin, prête à meubler cet affreux salon, vous m'en imposez. »

Il marchait de long en large, l'air très exalté.

« Calmez-vous », dit Paule.

Elle se sentait de très bonne humeur, égayée. Elle se mit à craindre aussi l'arrivée de la mère de Simon.

« Je vais m'habiller, dit Simon. J'en ai pour une minute. Attendez-moi. »

*

Elle passa une heure avec Mme Van den Besh, visiblement de mauvaise humeur et un peu hagarde dans le matin, fit avec elle des projets compliqués et descendit l'escalier, enchantée, établissant des plans financiers et ayant complètement oublié Simon. Dehors, il pleuvait toujours. Elle leva le bras pour appeler un taxi, et une petite voiture basse s'arrêta devant elle. Simon ouvrit la portière.

« Je peux vous déposer? Je partais pour le bureau. »

Il attendait visiblement depuis une heure,

mais son air sournois attendrit Paule. Elle monta à grand-peine en se pliant en deux, et sourit :

« Je vais avenue Matignon.

— C'est arrangé avec ma mère ?

— Au mieux. Vous pourrez bientôt reposer vos fatigues sur des canapés moelleux. Je ne vais pas trop vous mettre en retard ? Il est plus de onze heures. On aura eu le temps de guillotiner tout le monde.

— J'ai tout le temps, dit-il maussade.

— Je ne me moque pas de vous, reprit-elle gentiment ; je suis de très bonne humeur parce que j'avais de gros soucis d'argent et que, grâce à votre mère, ils vont disparaître.

— Faites-la payer d'abord, dit-il, elle est rudement avare.

— On ne parle pas comme ça de ses parents, dit Paule.

— Je n'ai pas douze ans !

— Combien ?

— Vingt-cinq. Et vous ?

— Trente-neuf. »

Il eut un petit sifflement si malpoli qu'une seconde elle faillit se mettre en colère, puis elle éclata de rire.

« Pourquoi riez-vous ?

— Ce sifflement admiratif...

— C'est bien plus admiratif que vous ne le pensez », dit-il, et il la regarda d'un air si tendre qu'elle se sentit gênée.

Les essuie-glaces battaient la mesure sur la vitre avec une parfaite inefficacité et elle se demanda comment il pouvait conduire. En montant, elle avait déchiré un bas ; elle se sentait merveilleusement gaie, dans cette voiture inconfortable, avec ce jeune homme inconnu visiblement séduit, et cette pluie qui entrait par la capote, salissant son manteau clair. Elle se mit à chantonner : quand elle aurait payé ses impôts, envoyé la pension de sa mère, réglé ses dettes au magasin, il lui resterait... elle n'avait pas envie de calculer. Simon conduisait vite, lui aussi. Elle pensa à Roger et à la nuit qu'elle avait passée, et se rembrunit.

« Vous ne voudriez pas déjeuner avec moi, un jour ? »

Simon parlait vite, sans la regarder. Elle eut un instant de panique. Elle ne le connaissait pas, il allait falloir qu'elle fasse des efforts de conversation, qu'elle lui pose des questions sur lui, qu'elle entre dans une nouvelle existence. Elle se débattit.

« Je ne peux pas ces jours-ci; j'ai trop de travail.

— Ah! bon », dit-il.

Il n'insista pas. Elle lui jeta un coup d'œil, il avait ralenti et semblait même conduire tristement. Elle prit une cigarette et il lui tendit son briquet. Il avait des poignets d'adolescent, trop maigres, qui sortaient comiquement d'une veste de gros tweed. « On ne s'habille pas comme un trappeur avec ce genre de physique », pensa-t-elle, et elle eut une seconde l'envie de s'en occuper. C'était parfaitement le genre de garçon à inspirer des sentiments maternels à une femme de son âge.

« C'est ici », dit-elle.

Il descendit sans dire un mot, ouvrit la portière. Il avait l'air buté et mélancolique.

« Merci encore, dit-elle.

— De rien. »

Elle fit trois pas vers la porte et se retourna. Il la regardait, immobile.

# CHAPITRE III

Simon mit un quart d'heure à trouver une place et finit par se garer à cinq cents mètres de son cabinet. Il travaillait chez un ami de sa mère, avocat très connu et tout à fait odieux, qui, pour des raisons que Simon craignait de comprendre, supportait ses sottises. Il avait par moments envie de le pousser à bout mais sa paresse l'en empêchait. En prenant le trottoir, il buta et se mit à boiter aussitôt, l'air doux et résigné. Les femmes se retournaient sur son passage, et Simon sentait leurs pensées frapper son dos : « Si jeune, si beau et infirme, quel dommage ! » Encore qu'il ne tirât de son physique aucune assurance, seulement un soulagement : « Je n'aurais jamais eu la force d'être laid. » Et, à cette idée, il entrevoyait une vie d'ascète, tantôt peintre maudit, tantôt berger des Landes.

Il entra en boitant dans le bureau, et la vieille Alice lui jeta un regard mi-attendri mi-sceptique. Elle connaissait ses distractions favorites et les supportait avec une condescendance pleine de regrets. S'il avait été sérieux, avec son physique et son imagination, il eût pu être un grand avocat. Il lui fit un salut emphatique et s'assit à sa table.

« Pourquoi boitez-vous ?

— Je ne boite pas pour de bon. Qui a tué qui, cette nuit ? Quand aurai-je à m'occuper d'un beau crime bien insupportable ?

— On vous a demandé trois fois ce matin. Il est onze heures et demie. »

« On » désignait le grand maître. Simon lança un coup d'œil vers la porte.

« Je me suis réveillé tard. Mais j'ai vu quelqu'un de très bien.

— Une femme ?

— Oui. Vous savez, un visage très beau, très tendre, un peu défait... des gestes qui sont des gestes... Souffrant de quelque chose qu'on ne connaît pas...

— Vous feriez mieux de regarder le dossier Guillaut.

— Bien entendu.

— Elle est mariée ? »

Simon sortit brusquement de ses rêves.

« Je ne sais pas... Mais si elle est mariée, elle est mal mariée. Elle avait des ennuis d'argent qui se sont arrangés et elle était toute gaie ensuite. J'aime bien les femmes que l'argent réjouit. »

Elle haussa les épaules.

« Alors vous les aimez toutes.

— Presque, dit Simon. Sauf les trop jeunes. »

Il se plongea dans son dossier. La porte s'ouvrit et maître Fleury passa la tête.

« Monsieur Van den Besh... une minute. »

Simon échangea un regard avec la secrétaire. Il se leva et passa dans le bureau anglais qu'il haïssait pour sa perfection.

« Vous savez quelle heure il est ? »

Maître Fleury se lança dans une apologie de l'exactitude, du travail, et termina sa période par un éloge de sa propre patience et de celle de Mme Van den Besh. Simon regardait par la fenêtre. Il lui semblait revivre une très vieille scène, avoir toujours vécu dans ce bureau anglais, toujours entendu ces mots; il lui semblait que quelque chose se resserrait autour de lui, l'étouffait et le menait à sa mort. « Qu'ai-je fait, pensa-t-il tout à coup, qu'ai-je fait depuis vingt-cinq ans, sinon passer de professeur en professeur, toujours réprimandé, toujours flatté de l'être? » C'était la première fois qu'il se posait la question avec cette vigueur et il éleva la voix machinalement.

« Qu'ai-je fait?

— Comment? Mais vous n'avez rien fait, mon bon ami, c'est là le drame : vous ne faites rien.

— Je crois même que je n'ai jamais aimé personne, continua Simon.

— Je ne vous demande pas de tomber amoureux de moi ou de la vieille Alice, explosa maître Fleury. Je vous demande de travailler. Il y a des limites à ma patience.

— Il y a des limites à tout », reprit Simon pensivement.

Il se sentait en plein rêve, en plein absurde. L'impression de n'avoir pas dormi depuis dix jours, d'être à jeun, de mourir de soif.

« Vous vous moquez de moi?

— Non, dit Simon. Excusez-moi, je ferai attention. »

Il sortit à reculons, s'assit à sa table, la tête entre les mains, sous le regard surpris de Mme Alice. « Qu'est-ce que j'ai, pensait-il, mais qu'est-ce que j'ai? » Il tentait de se rappeler : une enfance en Angleterre, des universités, une passion, oui, à quinze ans, pour une amie de sa mère qui l'avait déniaisé au bout d'une semaine, une vie facile, des amis gais, des filles, des routes au soleil... tout tournait en sa mémoire sans qu'il puisse s'arrêter sur quelque chose. Il n'y avait rien, peut-être. Il avait vingt-cinq ans.

« Ne vous tracassez pas, dit Mme Alice. Ça lui passera, vous savez bien. »

Il ne répondit pas. Il crayonnait vaguement sur un buvard.

« Pensez donc à votre petite amie, continua Mme Alice, inquiète. Ou plutôt au dossier Guillaut, se reprit-elle.

— Je n'ai pas de petite amie, dit Simon.

— Et celle de ce matin, comment s'appelle-t-elle déjà ?

— Je ne sais pas. »

C'était vrai, il ne savait même pas son prénom. Il y avait quelqu'un à Paris dont il ne savait rien, c'était déjà merveilleux. Tout à fait inespéré. Quelqu'un qu'il pourrait imaginer à son gré pendant des jours.

*

Roger était étendu sur le canapé du salon, il fumait lentement, épuisé de fatigue. Il avait passé la journée sur le quai de débarquement à surveiller la rentrée de ses camions, il avait été trempé, et, de plus, obligé de partir sur la route de Lille, au moment du déjeuner, voir un accident qui lui coûtait plus de cent mille francs. Paule desservait la table.

« Et cette Thérésa ? dit-il.

— Quelle Thérésa ?

— Mme Van den Besh. J'ai retrouvé son prénom ce matin, Dieu sait pourquoi.

« — C'est arrangé, dit Paule. Je m'occupe de tout. Je ne te l'ai pas dit parce que tu as eu tellement d'ennuis...

— Tu crois que le fait que tu n'en aies plus m'aurait affligé davantage?

— Non. Je pensais simplement...

— Tu me crois très égoïste, Paule? »

Il s'était assis sur le divan, il la fixait de ses yeux bleus; il avait son air furieux. Elle allait devoir le calmer, lui expliquer qu'il était le meilleur des hommes, ce qui, en un sens, était vrai, et qu'il la rendait très heureuse. Elle s'assit près de lui.

« Tu n'es pas égoïste. Tu es préoccupé par tes affaires; il est normal que tu en parles...

— Non. Je veux dire : par rapport à toi. Tu me trouves très égoïste? »

Il s'aperçut qu'il y avait pensé tout la journée, probablement depuis qu'il l'avait laissée devant sa porte, la veille, les yeux troublés. Elle hésita : il ne lui avait jamais posé la question et peut-être était-ce le moment d'en parler avec lui. Mais elle se sentait de bonne humeur, sûre d'elle, et il avait l'air si las... Elle recula.

« Non, Roger. Il y a des moments, c'est vrai, où je me sens un peu seule, moins jeune, incapable de te suivre. Mais je suis heureuse.

— Tu es heureuse?

— Oui. »

Il se rallongea. Elle avait dit : « Je suis heureuse », et la petite question angoissante qui l'avait poursuivi toute la journée n'avait plus qu'à disparaître. Il ne demandait que ça.

« Tu sais, toutes ces petites histoires qui m'arrivent, c'est... enfin tu connais leur valeur.

— Oui, oui », dit-elle.

Elle le regardait, les yeux clos ; elle le trouvait enfantin. Allongé sur ce divan, si grand, si lourd, et posant des questions si puériles : « Tu es heureuse ? » Il tendit la main vers elle ; elle la prit et s'assit près de lui. Il gardait les yeux clos.

« Paule, dit-il, Paule... sans toi, tu sais, Paule...

— Oui. »

Elle se pencha, embrassa sa joue. Il dormait déjà. Insensiblement, il enleva sa main de celles de Paule, la remonta et la posa sur son cœur. Elle ouvrit un livre.

Une heure plus tard, il se réveilla, plein d'agitation, consulta sa montre, décréta qu'il était l'heure d'aller danser et boire pour oublier tous ces maudits camions. Paule avait sommeil, mais aucun argument ne pouvait résister à une envie de Roger.

Il la conduisit dans un nouvel endroit, un sous-sol du boulevard Saint-Germain, décoré en square, baigné d'ombres et qu'un pick-up inondait de rythmes sud-américains.

« Je ne peux pas sortir tous les soirs, dit Paule en s'asseyant, j'aurai cent ans demain. Déjà, en me levant ce matin... »

C'est seulement alors qu'elle se rappela Simon. Elle l'avait complètement oublié. Elle se tourna vers Roger.

« Figure-toi que ce matin... »

Mais elle se tut. Simon se tenait devant elle.

« Bonjour, dit-il.

— Monsieur Ferttet, monsieur Van den Besh, dit Paule.

— Je vous cherchais, dit Simon. Je vous trouve, c'est bon signe. »

Et, sans attendre, il se laissa tomber sur un tabouret. Roger se redressa, mécontent.

« Je vous cherchais partout, reprit Simon. Je finissais par me demander si je vous avais rêvée. »

Ses yeux brillaient, il avait posé la main sur le bras de Paule stupéfaite.

« Vous avez peut-être une autre table ? dit Roger.

— Vous êtes mariée ? demanda Simon à Paule. Je ne voulais pas le croire.

— Il m'ennuie, dit Roger à voix haute. Je vais l'emmener. »

Simon le regarda puis s'appuya des deux coudes à la table, la tête dans les mains.

« Vous avez raison, monsieur, je vous demande pardon. Je crois que j'ai un peu bu. Mais j'ai découvert ce matin que je n'avais jamais rien fait dans la vie. Rien.

— Alors, faites quelque chose d'agréable et allez-vous-en.

— Laisse-le, dit Paule doucement. Il est malheureux. On a tous bu un peu trop, un jour ou l'autre. C'est le fils de ta... euh Thérésa.

— Le fils ? dit Roger saisi... C'est le comble. »

Il se pencha en avant, Simon avait posé sa tête sur ses bras.

« Réveillez-vous, dit Roger. Nous allons boire un verre ensemble. Vous nous expliquerez vos malheurs. Je vais chercher les verres, c'est trop long ici ! »

Paule commençait à s'amuser. L'idée d'une conversation entre Roger et ce jeune homme farfelu la distrayait d'avance. Simon avait relevé la tête, il regardait Roger évoluer entre les tables avec difficulté.

« Voilà un homme, dit-il. Hein ? Un vrai

homme? J'ai horreur de ces types costauds, virils, avec des idées saines, je...

— Les gens ne sont jamais si simples, dit Paule sèchement.

— Vous l'aimez?

— Ça ne vous regarde pas. »

Il avait une mèche de cheveux sur les yeux, la lumière des bougies lui creusait le visage, il était superbe. A la table voisine, deux femmes le contemplaient avec béatitude.

« Je vous demande pardon, dit Simon. Tiens, c'est drôle : je passe ma vie à m'excuser depuis ce matin. Vous savez, je crois que je suis un paltoquet. »

Roger revenait avec trois verres et grogna que tout le monde en arrivait là un jour ou l'autre. Simon but son verre d'un trait et garda un silence prudent. Il était assis à côté d'eux et ne bougeait pas. Il les regarda danser, il les écouta parler sans une réaction si bien qu'ils l'oublièrent peu à peu. Seulement, de temps en temps, en se retournant, Paule le voyait à ses côtés comme un enfant sage et ne pouvait s'empêcher de rire.

Quand ils se levèrent pour partir, il se mit debout poliment et s'effondra. Ils décidèrent de le ramener chez lui. Dans la voiture de Roger, il dormait et sa tête ballottait sur l'épaule de Paule. Il avait les cheveux soyeux, il respirait doucement. Elle finit par poser sa main sur son front pour qu'il ne se heurte pas à la vitre, et la tête devint lourde contre sa main, entièrement abandonnée. Avenue Kléber, Roger descendit, fit le tour de la voiture, et ouvrit la portière.

« Fais attention », chuchota Paule.

Il surprit son expression, mais ne dit rien et

sortit Simon de la voiture. Ce soir-là, il monta chez Paule en la ramenant, et la garda ensuite longtemps serrée contre lui dans son sommeil, l'empêchant de dormir.

# CHAPITRE IV

A midi, le lendemain, agenouillée dans la vitrine, comme elle essayait de persuader le couturier qu'un buste de plâtre, ce n'était pas d'une originalité folle pour supporter un chapeau, Simon arriva. Il la regardait depuis cinq minutes, caché derrière un kiosque, le cœur battant. Ne sachant plus s'il battait de la voir, ou de se cacher. Il avait toujours aimé se cacher; il lui arrivait aussi de se servir de sa main gauche avec mille contorsions, comme si la droite eût été crispée sur un revolver ou couverte d'eczéma, ce qui effrayait les gens dans les magasins. Il relevait sûrement de la psychanalyse; du moins sa mère le prétendait-elle.

En regardant Paule agenouillée dans la vitrine, il eût aimé ne l'avoir jamais rencontrée ni la voir ainsi, à travers la glace. Il n'aurait pas à se heurter à ce refus probable qu'il allait essuyer pour la seconde fois. Qu'avait-il pu dire la veille? Il s'était conduit comme un petit imbécile, s'était enivré malproprement, avait parlé de ses états d'âme, comble de l'indécence... Il se rencogna derrière le kiosque, faillit partir, puis lui jeta un dernier coup d'œil. Brusquement, il eut envie de traverser la rue, de lui arracher le chapeau, ce chapeau cruel avec ses longues épingles, de l'arracher en même temps à son travail ; à cette vie où il fallait se lever à l'aube pour venir s'agenouiller dans une vitrine sous le regard des passants. Les piétons s'arrêtaient, la regardaient avec curiosité et, sans doute, certains la désiraient, à genoux comme elle était, les bras tendus vers le buste de plâtre. Il eut très envie d'elle et traversa la rue.

Il l'imaginait déjà accablée de ces regards, épuisée, se tournant vers lui comme vers une diversion souhaitable ; mais elle se borna à lui adresser un petit sourire sec.

« Vous voulez un chapeau pour quelqu'un ? »

Il balbutia, mais le couturier le bousculait, non sans coquetterie.

« Cher monsieur, vous attendez Paule, c'est bien ; mais asseyez-vous là, laissez-nous finir.

— Il ne m'attend pas, dit Paule en déplaçant un bougeoir.

— Je le mettrais à gauche, dit Simon. Un peu en arrière. C'est plus évocateur. »

Elle le regarda une seconde avec colère. Il lui sourit. Il avait déjà changé de rôle. Il était le jeune homme allant chercher sa maîtresse dans un endroit élégant. Le jeune homme plein de goût. Et l'admiration du couturier pédéraste, bien qu'il n'y fût pas sensible, était ou allait devenir un sujet de plaisanterie entre Paule et lui.

« Il a raison, dit le couturier. C'est bien plus évocateur.

— De quoi ? » dit Paule froidement.

Ils la regardèrent.

« De rien. De rien du tout. »

Et il se mit à rire tout seul, d'un rire si gai que

Paule tourna la tête pour ne pas s'y mêler. Le couturier vexé s'écarta. Comme elle s'éloignait un peu de la vitre, pour mieux voir, elle heurta l'épaule de Simon qui s'était rapproché et la retint par le coude sur l'estrade.

« Regardez, dit-il d'une voix rêveuse, il fait soleil. »

A travers la glace baignée d'eau, le soleil les transperçait, avec ces subites chaleurs pleines de remords que lui procure l'automne. Paule en fut inondée.

« Oui, dit-elle, il fait soleil. »

Ils restèrent un instant immobiles, elle, encore sur l'estrade, plus haute que lui, lui tournant le dos et cependant appuyée à lui. Puis elle se dégagea.

« Vous devriez aller dormir.

— J'ai faim, dit-il.

— Alors, allez déjeuner.

— Vous ne voudriez pas venir avec moi ? »

Elle hésita. Roger lui avait téléphoné qu'il serait sans doute retenu. Elle avait pensé prendre un sandwich au bar d'en face et faire quelques courses. Mais ce brusque rappel du soleil rendait odieux les carrelages des cafés et les couloirs des grands magasins. Elle avait envie d'herbe, même déjà jaunie par la saison.

« J'ai envie d'herbe, dit-elle.

— Allons-y, dit-il. J'ai ma vieille voiture. La campagne est proche... »

Elle eut un geste de défense. La campagne, avec ce petit jeune homme inconnu, peut-être ennuyeux... Deux heures de tête-à-tête...

« ... Ou le bois de Boulogne, ajouta-t-il rassurant. Si vous vous ennuyez, vous pourrez appeler un taxi par téléphone.

— Vous pensez à tout.

— Je dois dire que j'étais assez honteux en me réveillant. J'étais venu m'excuser.

— Ce genre de choses arrive à tout le monde », dit Paule gentiment.

Elle mettait son manteau ; elle s'habillait très bien. Simon lui ouvrit la portière et elle s'assit sans se rappeler quand elle avait dit « oui » à ce déjeuner saugrenu. Elle accrocha son bas en entrant et eut un petit gémissement de colère.

« Je suppose que vos petites amies ont des pantalons.

— Je n'en ai plus, dit-il.

— De petites amies ?

— Oui.

— Comment cela se fait-il ?

— Je ne sais pas. »

Elle avait envie de se moquer de lui. Ce mélange de timidité et d'audace, de gravité, presque ridicule par moments, et d'humour l'égayait. Il avait dit : « Je ne sais pas », à voix presque basse et d'un air mystérieux. Elle hocha la tête.

« Tâchez de vous rappeler… quand cette désaffection générale a-t-elle commencé ?

— C'est plutôt moi, vous savez. J'étais avec une fille gentille mais trop romanesque. Elle ressemblait à une image de la jeunesse pour gens de quarante ans. »

Elle accusa le coup intérieurement.

« Quelle image se fait-on de la jeunesse à quarante ans ?

— Eh bien… elle avait l'air sinistre, elle conduisait sa quatre-chevaux à toute vitesse, les dents serrées, elle fumait des gauloises en se réveillant… et, à moi, elle me disait que l'amour n'est que le contact de deux épidermes. »

Paule se mit à rire.

« Et alors?

— Quand je suis parti, elle a pleuré quand même. Je n'en suis pas fier, ajouta-t-il vivement, j'ai horreur de ça. »

Le Bois sentait l'herbe mouillée, le bois qui moisit doucement, les routes d'automne. Il s'arrêta devant un petit restaurant, fit précipitamment le tour de la voiture pour ouvrir la porte. Paule fit un grand effort musculaire pour descendre gracieusement. Elle se sentait en pleine escapade.

Simon commanda tout de suite un cocktail et Paule le regarda avec sévérité.

« Après votre nuit passée, vous devriez boire de l'eau.

— Je me sens très bien. Et puis je manque de courage. Il va falloir que je m'arrange pour que vous ne vous ennuyiez pas trop, je prends des forces. »

Le restaurant était à peu près vide et le garçon, grincheux. Simon se taisait et continua à se taire lorsqu'ils eurent commandé. Paule, cependant, ne songeait pas à s'ennuyer. Elle sentait que c'était un silence volontaire, que Simon avait un plan de conversation pour ce déjeuner. Il devait être plein d'idées sournoises, toujours, comme un chat.

« C'est bien plus évocateur », minauda-t-il brusquement, imitant de couturier, et Paule, surprise, éclata de rire.

« Vous imitez toujours aussi bien?

— Pas mal. Malheureusement, nous n'avons pas beaucoup de relations communes. Si j'imite ma mère, vous direz que je suis indigne. Et pourtant : « Vous ne pensez pas qu'un effet de satin, là, un peu sur la droite, donnerait de l'ambiance, de la chaleur ? »

— Vous êtes indigne, mais juste.

— Quant à votre ami d'hier, je ne l'ai pas assez bien vu. Et, de plus, il doit être inimitable. »

Il y eut une seconde de silence. Paule sourit.

« Il l'est.

— Et moi, je ne suis que la pâle copie d'une douzaine de petits jeunes hommes trop gâtés, fourrés dans des professions libérales grâce à leurs parents et s'occupant à s'occuper. Vous perdez au change, je veux dire : pour déjeuner. »

L'agressivité de sa voix réveilla Paule.

« Roger était pris, dit-elle. Autrement, je ne serais pas là.

— Je le sais bien », dit-il avec un accent de tristesse qui la déconcerta.

Pendant le reste du déjeuner, ils parlèrent de leur métier respectif. Simon mima tout le procès d'un crime passionnel. A un certain moment, il se redressa en pleine plaidoirie, braqua un doigt sur Paule qui riait beaucoup :

« Et vous, je vous accuse de n'avoir pas fait votre devoir d'être humain. Au nom de ce mort, je vous accuse d'avoir laissé passer l'amour, d'avoir négligé le devoir d'être heureuse, d'avoir vécu de faux-fuyants, d'expédients et de résignation. Vous devriez être condamnée à mort, vous serez condamnée à la solitude. »

Il s'arrêta, but son verre de vin d'un trait. Paule n'avait pas bronché.

« Affreuse condamnation, dit-elle en souriant.

— La pire, dit-il. Je ne vois rien de pire, ni de

plus inévitable. Rien ne me fait plus peur. Comme à tout le monde d'ailleurs. Mais personne ne l'avoue. Moi, j'ai envie de le hurler par moments : j'ai peur, j'ai peur, aimez-moi.

— Moi aussi », dit-elle, comme malgré elle.

En une seconde, elle revit le pan de mur en face de son lit, dans sa chambre. Avec les rideaux tirés, le tableau démodé, la petite commode à gauche. Ce qu'elle regardait tous les jours, matin et soir, ce qu'elle regarderait probablement dans dix ans. Encore plus seule qu'aujourd'hui. Roger, que faisait Roger ? Il n'avait pas le droit, personne ne pouvait la condamner à vieillir ainsi ; personne, même elle-même...

« Je dois vous sembler un peu plus ridicule et plaintif encore qu'hier soir, dit Simon doucement. Ou peut-être pensez-vous que c'est une comédie de jeune homme pour vous attendrir ? »

Il était en face d'elle, ses yeux clairs légèrement troubles, le visage si lisse, si offert qu'elle faillit y poser sa main.

« Non, non, dit-elle, je pensais... je pensais aussi que vous étiez un peu jeune pour ça. Et sûrement trop aimé.

— Il faut être deux, dit-il. Venez, on va faire quelques pas dehors. Il fait très beau maintenant. »

Ils sortirent ensemble, il lui prit le bras et ils marchèrent un peu, sans un mot. L'automne montait au cœur de Paule avec une grande douceur. Les feuilles mouillées, roussies, piétinées, accrochées les unes aux autres, se mélangeaient lentement à la terre. Elle se sentit une sorte de tendresse pour cette silhouette silencieuse qui lui tenait le bras. Cet inconnu devenait pour quelques minutes un compagnon, quelqu'un avec qui l'on marche dans une allée déserte, à la fin d'une année. Elle avait toujours éprouvé de la tendresse pour ses compagnons, qu'ils fussent de promenade ou de vie, une sorte de reconnaissance de ce qu'ils soient plus grands qu'elle, si différents et si proches à la fois. Elle revit le visage de Marc, son mari qu'elle avait quitté en même temps que la vie facile, le visage d'un autre qui l'avait beaucoup aimée. Et enfin le visage de Roger, le seul visage que sa mémoire lui projetât vivant, changeant d'expression. Trois compagnons dans la vie d'une femme, trois bons compagnons. N'était-ce pas déjà immense ?

« Vous êtes triste ? » demanda Simon.

Elle se tourna vers lui, sourit sans répondre. Ils continuèrent leur marche.

« Je voudrais, dit Simon d'une voix étouffée, je voudrais que... Je ne vous connais pas, mais je voudrais croire que vous êtes heureuse. J'ai, euh, j'ai de l'admiration pour vous. »

Elle ne l'écoutait plus. Il était tard. Roger l'avait peut-être appelée pour prendre le café avec elle. Elle l'aurait manqué. Il avait parlé de partir le samedi, de passer le week-end à la campagne. Pourrait-elle se débarrasser de son travail avant ? En aurait-il encore envie ? Ou était-ce une de ses promesses que l'amour, la nuit, lui arrachait, quand (elle le savait) il n'envisageait plus la vie sans elle et que leur amour lui paraissait d'une évidence si lourde qu'il ne se débattait plus. Mais dès qu'il passait la porte, dès qu'il respirait sur le trottoir la violente odeur de son indépendance, elle le perdait à nouveau. Elle parla peu durant le trajet, remercia Simon de son déjeuner et déclara qu'elle serait ravie s'il lui téléphonait un jour ou l'autre. Simon la regarda partir, immobile. Il se sentait très las, maladroit.

# CHAPITRE V

C'était vraiment une agréable surprise. Roger se retourna vers la table de chevet et chercha une cigarette. La jeune femme près de lui eut un petit rire.

« Les hommes fument toujours, après. »

Ce n'était pas une réflexion très originale ! Roger lui tendit son paquet qu'elle refusa de la tête.

« Maisy, puis-je vous poser une question ? Qu'est-ce qu'il vous a pris, ce soir ? Depuis deux mois que nous nous connaissons et que vous ne quittez pas ce M. Chérel...

— M. Chérel est utile, pour mon métier. J'ai eu envie de m'amuser un peu. Tu comprends ? »

Il nota au passage qu'elle appartenait à cette race qui tutoie automatiquement, sitôt allongée. Il se mit à rire.

« Pourquoi moi ? Il y avait des jeunes gens très bien à ce cocktail !

— Tu sais, les jeunes gens, ça parle, ça parle. Et puis toi, au moins, tu as l'air d'aimer ça. Et je te jure que ça devient rare. Les femmes le sentent. Ne me dis pas que tu n'es pas habitué aux conquêtes...

— Pas si vite », dit-il en riant.

Elle était bien jolie. Il y avait sûrement plein de petites idées sur la vie, les hommes, les femmes dans sa tête étroite. S'il insistait un peu, elle lui expliquerait le monde. Il aurait bien aimé ça. Comme chaque fois, il se sentait lointain et attendri, effrayé à l'idée que ces beaux corps, si différents, qu'il aimait tant découvrir, circulaient dans les rues, dans la vie, menés par des petites têtes incertaines et bornées. Il lui caressa les cheveux.

« Toi, tu dois être un tendre, dit-elle. Les grandes brutes comme toi, c'est toujours tendre.

— Mais oui, dit-il distraitement.

— Je n'ai pas envie de te quitter, continua-t-elle. Si tu savais ce qu'il est ennuyeux, Chérel...

— Je ne le saurai jamais.

— Si on partait deux jours, Roger ? Samedi et dimanche. Tu ne veux pas ? On resterait sans bouger, dans une grande chambre, à la campagne. »

Il la regarda. Elle s'était soulevée sur un coude, il voyait la veine battre à son cou, elle le regardait de la même façon que pendant ce fameux cocktail, il sourit.

« Dis oui. Tout de suite, tu entends...

— Tout de suite », répéta-t-il en l'attirant sur lui.

Elle le mordit à l'épaule, en gloussant, et il pensa vaguement que même l'amour pouvait se faire bêtement.

*

« C'est dommage, dit Paule. Enfin, travaille bien, ne conduis pas trop vite. Je t'embrasse. »

Elle raccrocha. Il n'y avait plus de week-end. Roger devait aller à Lille ce samedi, lui avait-il expliqué, pour ses affaires avec son associé de là-bas. C'était peut-être vrai. Elle supposait toujours que c'était vrai. Elle pensa subitement à l'auberge où ils allaient généralement ensemble, aux feux brûlant partout, à la chambre qui sentait un peu l'antimite ; elle imagina ce qu'auraient pu être ces deux jours, les promenades avec Roger, les conversations avec Roger, le soir, et les réveils l'un près de l'autre, avec tout le temps devant soi, toute une journée, chaude et lisse comme une plage. Elle se retourna vers le téléphone. Elle pouvait déjeuner avec une amie, aller faire un bridge le soir chez... Elle n'avait envie de rien. Et elle avait peur de rester seule deux jours. Elle haïssait ces dimanches de femme seule : les livres lus au lit, le plus tard possible, un cinéma encombré, peut-être un cocktail avec quelqu'un ou un dîner et, enfin, au retour, ce lit défait, cette impression de n'avoir pas vécu une seconde depuis le matin. Roger avait dit qu'il l'appellerait le lendemain. Il avait sa voix tendre. Elle attendrait son téléphone pour sortir. De toute manière, elle avait des rangements à faire, de ces occupations typiques que lui avait toujours recommandées sa mère, ces mille petites choses de la vie d'une femme qui la dégoûtaient vaguement. Comme si le temps eût été une bête molle qu'il fallait réduire. Mais elle en venait presque à regretter chez elle l'absence de ce goût. Peut-être y avait-il effectivement un moment où on ne devait plus attaquer sa vie, mais s'en défendre, comme d'une vieille amie indiscrète. Y était-elle déjà ? Et elle crut entendre derrière elle un immense soupir, un immense chœur de « déjà ».

Ce même samedi à deux heures, elle décida de téléphoner à Mme Van den Besh. Si, par miracle, elle n'était pas à Deauville, elle pourrait peut-être travailler avec elle l'après-midi. C'était la seule chose qui la tentât. « Comme certains hommes, pensa-t-elle, qui vont au bureau le dimanche afin d'éviter leur famille. » Mme Van den Besh avait une légère crise de foie, s'ennuyait visiblement et accueillit sa proposition avec enthousiasme. Munie d'échantillons de toutes sortes, Paule se rendit avenue Kléber. Elle y trouva Mme Van den Besh en robe de chambre damassée, un verre d'eau d'Evian à la main, et légèrement couperosée. Paule songea une seconde que le père de Simon avait dû être très beau pour contrebalancer la banalité de ce visage.

« Comment va votre fils ? Vous savez que nous l'avons rencontré l'autre soir. »

Elle n'ajouta pas qu'elle avait déjeuné avec lui la veille et s'étonna elle-même de sa réticence. Elle eut aussitôt devant elle un visage de martyre.

« Comment le saurais-je ? Il ne me parle pas, ne me raconte rien, sauf ses soucis d'argent, bien sûr ! De plus, il boit. Son père buvait déjà.

— Il n'a pas l'air d'un grand alcoolique, sourit Paule. Elle revoyait le visage lisse de Simon, son teint d'Anglais bien nourri.

— Il est beau, n'est-ce pas ? »

Mme Van den Besh s'anima, tira des albums où l'on voyait Simon enfant, Simon sur un poney avec des anglaises le long des joues, Simon en collégien ahuri, etc. Il y avait, sans doute, mille photos de lui, et Paule admira intérieurement qu'il ne soit devenu ni odieux ni pédéraste.

« Mais il y a toujours un moment où les enfants s'éloignent de vous », soupira la mère attristée.

Et, en un instant, elle redevint la femme un peu trop légère qu'elle avait dû être.

« Il faut dire qu'il ne manque pas d'occasions...

— Sûrement, dit Paule avec politesse. Voulez-vous regarder ces tissus, madame, il y en a un...

— Appelez-moi Thérésa, je vous en prie. »

Elle devenait amicale, faisait venir du thé, posait des questions. Paule pensait que Roger avait dormi avec elle vingt ans plus tôt et recherchait vainement les traces de quelque charme sur ce lourd visage. En même temps, elle essayait désespérément de maintenir la conversation sur un terrain professionnel, mais voyait Thérésa glisser inexorablement vers des confidences de femme. Il en avait toujours été ainsi. Elle avait dans le visage quelque chose d'équilibré, de fier, qui provoquait les pires déluges de paroles.

« Vous êtes très probablement plus jeune que moi, commençait Mme Van den Besh — et Paule ne put réprimer un sourire à ce « probablement » — mais vous savez à quel point le cadre peut influer... »

Paule ne l'écoutait plus. Cette femme la faisait penser à quelqu'un. Elle s'aperçut qu'elle ressemblait simplement à l'imitation qu'en avait faite Simon la veille et pensa qu'il devait avoir une certaine faculté d'intuition, une certaine cruauté que ses timidités ne laissaient pas voir. Que lui avait-il dit : « Je vous accuse d'avoir laissé passer l'amour, d'avoir vécu d'expédients et de résignation, je vous condamne à la solitude. » Pensait-il à elle ? Avait-il deviné quelque chose de sa vie ? Avait-il fait exprès ? Elle se sentait envahie de colère à cette pensée.

Elle n'écoutait plus le long bavardage à ses côtés, et l'entrée de Simon la fit sursauter. Il s'arrêta net en la voyant et fit une petite grimace pour cacher son plaisir qui la toucha.

« J'arrive bien. Je vais vous aider.

— Hélas ! il faut que je parte, à présent. »

Elle avait envie de sortir précipitamment, de s'enfuir, d'échapper aux deux regards de la mère et du fils, de se cacher chez elle, enfin, avec un livre. A cette heure-ci, elle aurait dû être sur la route avec Roger, allumant et éteignant la radio, riant avec lui, ou s'effrayant car il lui prenait des colères aveugles d'automobiliste qui les menaient parfois près de la mort. Elle se leva lentement.

« Je vous raccompagne », dit Simon.

A la porte, elle se tourna vers lui et le regarda pour la première fois depuis son arrivée. Il avait mauvaise mine et elle ne put s'empêcher de le lui dire.

« C'est le temps, dit-il. Est-ce que je peux vous accompagner jusqu'en bas ? »

Elle haussa les épaules, et ils s'engagèrent dans l'escalier. Il marchait derrière elle, sans un mot. Au dernier étage, il s'arrêta et n'entendant plus son pas, elle se retourna machinalement. Il s'appuyait à la rampe.

« Vous remontez ? »

La lumière s'éteignit et le grand escalier ne fut plus éclairé que par la faible lueur d'une croisée. Des yeux, elle chercha la minuterie.

« C'est derrière vous », dit Simon.

Il descendit la dernière marche et avança vers

elle. « Il va se précipiter sur moi », pensa Paule avec ennui. Il passa un bras du côté gauche de sa tête, ralluma, puis mit son bras droit de l'autre côté. Elle ne pouvait plus bouger.

« Laissez-moi passer », dit-elle très calme.

Il ne répondit pas mais se courba et mit sa tête sur son épaule, avec précaution. Elle entendit son cœur battre à grands coups et soudain se sentit troublée.

« Laissez-moi, Simon… Vous m'ennuyez. »

Mais il ne bougeait pas. Simplement, il murmura son nom deux fois à voix basse. « Paule, Paule », et derrière sa nuque, elle voyait la cage d'escalier si triste, si lourde de morgue et de silence.

« Mon petit Simon, dit-elle aussi à voix basse, laissez-moi passer. »

Il s'écarta et elle lui sourit un instant avant de s'en aller.

# CHAPITRE VI

En se réveillant, le dimanche, elle découvrit un message sous sa porte, ce qu'on appelait autrefois poétiquement un bleu et qu'elle trouva poétique car le soleil, réapparu dans le ciel si pur de novembre, remplissait sa chambre d'ombres et de lumières chaleureuses. « Il y a un très beau concert à six heures, salle Pleyel, écrivait Simon. Aimez-vous Brahms ? Je m'excuse pour hier. » Elle sourit. Elle sourit à cause de la seconde phrase : « Aimez-vous Brahms ? » C'était le genre de questions que les garçons lui posaient lorsqu'elle avait dix-sept ans. Et sans doute les lui avait-on reposées plus tard, mais sans écouter la réponse. Dans ce milieu, et à cette période de la vie, qui écoutait qui ? Et d'ailleurs aimait-elle Brahms ?

Elle ouvrit son pick-up, fouilla parmi ses disques et retrouva au dos d'une ouverture de Wagner qu'elle connaissait par cœur un concerto de Brahms qu'elle n'avait jamais écouté. Roger aimait Wagner. Il disait : « C'est beau, ça fait du bruit, c'est de la musique. » Elle posa le concerto, en trouva le début romantique et oublia de l'écouter jusqu'au bout. Elle s'en aperçut lorsque la musique cessa, et s'en voulut. A présent, elle mettait six jours à lire un livre, ne retrouvait pas sa page, oubliait la musique. Son attention ne s'exerçait plus que sur des échantillons de tissus et sur un homme qui n'était jamais là. Elle se perdait, elle perdait sa propre trace, elle ne s'y retrouverait jamais. « Aimez-vous Brahms? » Elle passa un instant devant la fenêtre ouverte, reçut le soleil dans les yeux et en resta éblouie. Et cette petite phrase : « Aimez-vous Brahms? » lui parut soudain révéler tout un immense oubli : tout ce qu'elle avait oublié, toutes les questions qu'elle avait délibérément évité de se poser. « Aimez-vous Brahms? » Aimait-elle encore autre chose qu'elle-même et sa propre existence? Bien sûr, elle disait qu'elle aimait Stendhal, elle savait qu'elle l'aimait. C'était le mot : elle le savait. Peut-être même savait-elle simplement qu'elle aimait Roger. Bonnes choses acquises. Bons repères. Elle eut envie de parler à quelqu'un, comme elle en avait envie à vingt ans.

Elle appela Simon. Elle ne savait encore que lui dire. Probablement : « Je ne sais pas si j'aime Brahms, je ne crois pas. » Elle ne savait pas si elle irait à ce concert. Cela dépendrait de ce qu'il lui dirait, de sa voix; elle hésitait et trouvait cette hésitation agréable. Mais Simon était parti déjeuner à la campagne, il passerait se changer à cinq heures. Elle raccrocha. Entre-temps, elle avait décidé d'aller au concert. Elle se disait : « Ce n'est pas Simon que je vais retrouver mais la musique; peut-être irais-je tous les dimanches si l'atmosphère n'est pas odieuse l'après-midi; c'est une bonne occupation de femme seule. » Et, en même temps, elle déplorait que ce soit dimanche et qu'elle ne puisse se précipiter tout de suite dans une boutique en vue d'acheter les Mozart qu'elle aimait et quelques Brahms. Elle craignait seulement que Simon ne lui tienne la main, durant le concert ; elle le craignait d'autant plus qu'elle s'y attendait et que la confirmation de ses attentes imaginaires l'emplissait toujours d'un ennui insurmontable. Elle avait aimé Roger pour cela aussi. Il était toujours à côté de l'attendu, un peu à faux dans toutes les situations acquises.

À six heures, salle Pleyel, elle se trouva prise dans un remous de foule, faillit manquer Simon qui lui tendit son billet sans rien dire, et ils montèrent les marches précipitamment dans une grande débandade d'ouvreuses. La salle était immense et sombre, l'orchestre faisait entendre en préambule quelques sons spécialement discordants comme pour faire mieux apprécier ensuite au public le mirage de l'harmonie musicale. Elle se tourna vers son voisin :

« Je ne savais pas si j'aimais Brahms.

— Moi, je ne savais pas si vous viendriez, dit Simon. Je vous assure que ça m'est bien égal que vous aimiez Brahms ou pas.

— Comment était la campagne ? »

Il lui jeta un regard étonné.

« J'ai téléphoné chez vous, dit Paule, pour vous dire que… que j'acceptais.

— J'avais si peur que vous téléphoniez le contraire ou pas du tout que je suis parti, dit Simon.

— La campagne était belle ? De quel côté avez-vous été ? »

Elle éprouvait un plaisir triste à imaginer la colline de Houdan dans la lumière du soir ; elle aurait aimé que Simon lui en parlât. A cette heure-ci, elle se serait arrêtée à Septeuil avec Roger, ils auraient marché dans le même chemin, sous les arbres roux.

« J'ai été par-ci, par-là, dit Simon, je n'ai pas regardé les noms. D'ailleurs, on commence. »

On applaudissait, le chef d'orchestre saluait, il levait sa baguette et ils se laissaient glisser sur leur fauteuil en même temps que deux mille personnes. C'était un concerto que Simon pensait reconnaître, un peu pathétique, un peu trop pathétique par moments. Il sentait le coude de Paule contre le sien, et quand l'orchestre s'élançait, il s'élançait avec lui. Seulement, dès que la musique s'alanguissait, il devenait conscient de la toux des voisins, de la forme du crâne d'un homme, deux rangs en avant, et surtout conscient de sa colère. A la campagne, dans une auberge près de Houdan, il avait rencontré Roger, Roger avec une fille. Il s'était soulevé, avait salué Simon, sans le présenter.

« Il me semble que nous nous rencontrons tout le temps ? »

Simon, surpris, n'avait rien dit. Le regard de Roger le menaçait, lui ordonnait de taire cette rencontre ; ce n'était pas, Dieu merci, un regard complice de franc luron à franc luron. C'était un regard furieux. Il n'avait rien répondu. Il n'avait pas peur de Roger, il avait peur de faire souffrir Paule. Il n'arriverait jamais rien de mal à cette femme par lui, il se le jurait ; pour la première fois, il avait envie de s'interposer entre quelqu'un et l'infortune. Lui que ses maîtresses ennuyaient si vite, effrayaient même avec leurs confidences, leurs secrets, leur volonté de lui faire jouer à tout prix un rôle de mâle protecteur, lui, Simon, si habitué à la fuite, avait envie de se retourner et d'attendre. Mais attendre quoi ? Que cette femme comprît qu'elle aimait un goujat sans envergure : c'était peut-être la chose la plus longue au monde... Elle devait être triste, elle devait retourner dans sa tête l'attitude de Roger, peut-être en découvrir les failles. Un violon s'élança au-dessus de l'orchestre, palpita désespérément en une note déchirée, et retomba, aussitôt noyé dans le flot mélodieux, envahissant des autres. Simon faillit se retourner, prendre Paule dans ses bras, l'embrasser. Oui, l'embrasser... il imagina qu'il se penchait sur elle, sa bouche touchait sa bouche, elle ramenait ses mains autour de son cou... Il ferma les yeux. Paule pensa, en voyant son expression, qu'il devait être vraiment mélomane. Mais aussitôt une main tremblante chercha la sienne et elle la dégagea avec impatience.

Après le concert, il l'emmena prendre un cocktail, ce qui signifia pour elle une orange pressée et pour lui deux dry. Elle se demanda si les craintes de Mme Van den Besh n'étaient pas justifiées. Simon, les yeux brillants, les mains agitées, lui parlait musique et elle écoutait d'une oreille distraite. Peut-être Roger se serait-il arrangé pour quitter Lille à temps et revenir pour le dîner. De plus, on les regardait. Simon était un peu trop beau ou simplement était-il un peu trop jeune et elle plus assez, tout au moins pour l'accompagner ?

« Vous ne m'écoutez pas ?

— Si, dit-elle. Mais il faudrait partir. On doit me téléphoner chez moi et puis, on nous regarde beaucoup ici !

— Vous devriez être habituée », dit Simon avec admiration. La musique et le gin aidant, il se sentait définitivement amoureux.

Elle se mit à rire : par moments, il était tout à fait attendrissant.

« Demandez l'addition, Simon. »

Il le fit tellement à contrecœur qu'elle le regarda attentivement, pour la première fois sans doute de l'après-midi. Peut-être tombait-il doucement amoureux d'elle, peut-être son petit jeu se retournait-il contre lui ? Elle le croyait simplement assoiffé de conquêtes ; peut-être était-il plus simple, plus sensible, moins vaniteux. Il était drôle que ce soit son physique qui le desserve auprès d'elle. Elle le trouvait trop beau. Trop beau pour être vrai.

Si cela était, elle avait tort de le voir, elle devait y renoncer. Il avait appelé le garçon, tournait son verre entre ses mains, sans un mot. Il s'était tu brusquement. Elle posa sa main sur la sienne.

« Ne m'en veuillez pas, Simon, je suis un peu pressée. Roger doit m'attendre. »

Il lui avait demandé, ce premier soir, « Chez Régine » : « Aimez-vous Roger ? » Qu'avait-elle répondu ? Elle ne s'en souvenait plus. De toute manière, il fallait bien qu'il le sache.

« Ah ! oui, dit-il... Roger. L'homme. Le brillant. »

Elle l'arrêta.

« Je l'aime », dit-elle, et elle se sentit rougir. Elle avait l'impression d'avoir eu une voix de théâtre.

« Et lui ?

— Lui aussi.

— Bien entendu. Tout est pour le mieux dans le meilleur des mondes.

— Ne jouez pas les sceptiques, dit-elle doucement. Ce n'est pas de votre âge. Vous devriez être au moment de la crédulité, vous... »

Il l'avait prise aux épaules et la secouait.

« Ne vous moquez pas de moi, cessez de me parler comme ça... »

« J'oublie trop que c'est un homme, pensa Paule en essayant de se dégager. Il a une vraie tête d'homme en ce moment, d'homme humilié. Il n'a pas quinze ans, mais vingt-cinq ; c'est vrai ! »

« Je ne me moque pas de vous mais de vos attitudes, dit-elle doucement. Vous jouez... »

Il l'avait lâchée, il semblait las.

« Il est vrai que je joue, dit-il. Avec vous, j'ai joué le jeune et brillant avocat, et l'amoureux transi, et l'enfant gâté, et Dieu sait quoi. Mais depuis que je vous connais, tous mes rôles sont pour vous. Vous ne pensez pas que c'est l'amour ?

— C'en est une assez bonne définition », dit-elle en souriant.

Ils se turent quelques instants, gênés.

« J'aimerais bien jouer les amants passionnés, dit-il.

— Je vous ai dit que j'aimais Roger.

— Et moi, j'aime ma mère, ma vieille nourrice, ma voiture...

— Je ne vois pas le rapport », interrompit-elle.

Elle avait envie de partir. Ce petit carnassier trop jeune, que pouvait-il comprendre à son histoire, à leur histoire ; à ces cinq ans mêlés de plaisir et de doutes, de chaleur et de peines ? Personne ne pourrait la séparer de Roger. Elle éprouva une telle reconnaissance pour lui de cette certitude, une telle tendresse qu'elle s'appuya à la table.

« Vous aimez Roger mais vous êtes seule, dit

Simon. Vous êtes seule, le dimanche ; vous dînez seule et probablement vous... vous dormez seule souvent. Moi je dormirais contre vous, je vous tiendrais dans mes bras toute la nuit, et je vous embrasserais pendant votre sommeil. Moi, je peux encore aimer. Lui, plus. Vous le savez...

— Vous n'avez pas le droit... dit-elle en se levant.

— J'ai le droit de parler. J'ai le droit de tomber amoureux de vous et de vous prendre à lui, si je peux. »

Déjà, elle était dehors. Il se leva, et se rassit, la tête dans les mains. « Il me la faut, pensait-il, il me la faut... ou bien je vais souffrir. »

# CHAPITRE VII

Le week-end avait été bien agréable. Cette Maisy — elle lui avait avoué, en minaudant, s'appeler tout bonnement Marcelle, prénom incompatible pour des raisons évidentes avec sa vocation de starlette — cette Maisy avait tenu parole. Une fois couchée, elle ne s'était plus relevée, contrairement à certaines créatures familières à Roger pour qui existaient l'heure du cocktail, du déjeuner, du dîner, du thé, etc. ; autant de prétextes pour elles à des changements vestimentaires. Ils avaient passé deux jours sans sortir de leur chambre, sauf une seule fois, où naturellement il était tombé sur ce petit jeune homme trop mignon, fils de la chère Thérésa. Il avait peu de chance de rencontrer Paule bien sûr, mais Roger restait vaguement inquiet. Ce prétexte de Lille était un peu grossier, non qu'il s'imaginât abuser Paule en lui étant infidèle, ni même en lui mentant. Mais ses infidélités ne devaient être circonscrites ni dans le temps ni dans l'espace. « J'ai vu votre ami de l'autre soir, déjeunant dimanche, à Houdan. » Il imaginait Paule recevant cette phrase sans rien dire, peut-être le regard détourné une seconde. Paule souffrant... C'était une vieille image à présent et si souvent repoussée qu'il en avait honte ; et honte aussi du plaisir qu'il aurait à passer chez elle tout à l'heure, après avoir déposé Maisy-Marcelle. Mais elle ne le saurait pas. Elle avait dû se reposer ces deux jours, sans lui, lui qui l'obligeait trop souvent à sortir ; elle avait dû bridger avec ses amis, s'occuper de son appartement, lire ce nouveau livre... Il se demanda soudain pourquoi il cherchait si ardemment un emploi du temps au dimanche de Paule.

« Tu conduis bien, dit une voix près de lui et il sursauta, regarda Maisy.

— Tu trouves ?

— D'ailleurs, tu fais tout bien », reprit-elle en s'alanguissant sur la banquette.

Et il eut envie de lui dire d'oublier ; d'oublier une seconde son petit corps et ses appétits satisfaits. Elle eut un rire langoureux, ou voulant l'être, et lui prenant la main, la posa sur sa jambe. Elle était dure et chaude sous ses doigts, et il sourit. Elle était sotte, bavarde et comédienne. A force de ridiculiser l'amour, elle le rendait curieusement cru ; et sa façon de réduire à néant chez lui toute envie de tendresse, de camaraderie, ou de vague intérêt, la rendait plus excitante. « Un sale petit objet incommunicable, prétentieux, vulgaire et avec qui je fais bien l'amour. » Il se mit à rire tout haut. Elle ne lui demanda pas pourquoi mais tendit la main vers la radio. Roger suivit son geste des yeux... Qu'avait dit Paule, l'autre soir ? Au sujet de la radio et de leurs soirées...? Il ne se rappelait plus. On diffusait un concert qu'elle coupa, puis auquel elle revint faute de mieux. C'était du Brahms, disait le speaker, d'une voix chevrotante, et les applaudissements crépitaient.

« Quand j'avais huit ans, je voulais être chef d'orchestre, dit-il. Et toi ?

— Moi, je voulais faire du cinéma, dit-elle, et j'y arriverai. »

Il songea que c'était probable et la déposa enfin devant sa porte. Elle s'accrocha à sa veste.

« Demain, je vais dîner avec mon vilain monsieur. Mais je veux revoir mon petit Roger très vite, très vite. Je te téléphone dès que j'ai une seconde. »

Il sourit, assez content de ce rôle de jeune amant caché, surtout à un autre homme de son âge.

« Et toi, reprit-elle, tu pourras ? On m'avait dit que tu n'étais pas un homme libre...

— Je suis un homme libre », dit-il avec une petite grimace. Il n'allait quand même pas parler de Paule, avec elle ! Elle gambada sur le trottoir, agita la main derrière le porche, et il repartit. Sa dernière phrase le gênait un peu. « Je suis un homme libre. » Ça voulait dire : « libre de ne pas prendre de responsabilité ». Il accéléra : il voulait revoir Paule au plus vite ; elle seule pouvait le rassurer, et elle le ferait.

*

Elle avait dû rentrer juste avant lui car elle avait encore son manteau ; elle était pâle, et quand il arriva, elle se jeta contre lui et resta sur son épaule, sans bouger. Il referma les bras sur elle, posa sa joue sur ses cheveux et attendit qu'elle parlât. Il avait bien fait de rentrer vite, elle avait besoin de lui, il avait dû lui arriver quelque chose, et songeant qu'il en avait eu le pressentiment, il sentait sa tendresse pour elle devenir immense. Il la protégeait. Bien sûr, elle était forte, et indépendante, et intelligente, mais elle était probablement plus femelle que n'importe quelle femme qu'il ait connue, il le savait bien. Et en cela il lui était indispensable. Elle se dégagea doucement de ses bras.

« Tu as fait bon voyage ? Comment était Lille ? »

Il lui jeta un coup d'œil. Non, bien sûr, elle ne se doutait de rien. Ce n'était pas le genre de femme à tendre des pièges de cette sorte. Il leva les sourcils.

« Comme ça. Mais toi ? Qu'as-tu ?

— Rien », dit-elle, et elle se retourna.

Il n'insista pas, elle le lui dirait plus tard.

« Qu'as-tu fait ici ?

— Hier, j'ai travaillé. Et aujourd'hui, je suis allée à un concert, salle Pleyel.

— Tu aimes Brahms ? » dit-il en souriant.

Elle lui tournait le dos et elle se retourna si brusquement qu'il recula d'un pas.

« Pourquoi me demandes-tu ça ?

— J'ai entendu une partie du concert à la radio, en rentrant.

— Oui, bien sûr, dit-elle, c'est retransmis, c'est vrai... Mais tu m'as surprise, ce côté mélomane chez toi...

— Chez toi aussi. Qu'est-ce qu'il t'a pris ? Je te voyais bridgeant chez les Daret, ou... »

Elle avait allumé les lampes du petit salon. Elle enleva son manteau d'un geste las.

« Le petit Van den Besh m'a invitée au concert ; je n'avais rien à faire, et je ne me rappelais plus si j'aimais Brahms... Crois-tu ?... Je ne me rappelais plus si j'aimais Brahms... »

Elle se mit à rire doucement d'abord, puis de

plus en plus fort. Un tourbillon se déclenchait dans la tête de Roger. Simon Van den Besh? Et il n'avait pas parlé de leur rencontre... à Houdan? Et d'abord, pourquoi riait-elle?

« Paule, dit-il, calme-toi. Et d'abord que faisais-tu avec ce galopin?

— J'écoutais Brahms, dit-elle entre deux rires.

— Mais arrête de parler de Brahms...

— Il s'agissait de lui... »

Il la prit aux épaules. Elle avait les larmes aux yeux à force de rire.

« Paule, dit-il, ma Paule... que t'a raconté ce type? Et d'abord, qu'est-ce qu'il te veut? »

Il était furieux; il se sentait distancé, berné.

« Évidemment, il a vingt-cinq ans, dit-il.

— Pour moi, c'est un défaut », dit-elle tendrement, et il la reprit dans ses bras.

« Paule, j'ai tellement confiance en toi. Tellement! L'idée qu'un petit freluquet de ce genre pourrait te plaire m'est insupportable. »

Il la serrait contre lui; subitement, il imaginait Paule tendant la main vers un autre, Paule en embrassant un autre, donnant sa tendresse, son attention à un autre; il souffrait.

« Les hommes sont inconscients, pensait Paule sans amertume. "J'ai tellement confiance en toi", tellement confiance que je peux te tromper, te laisser seule, et qu'il n'est pas possible que le contraire arrive. C'est sublime. »

« Il est gentil et insignifiant, dit-elle. C'est tout. Où veux-tu que nous dînions? »

# CHAPITRE VIII

« Je vous demande pardon, écrivait Simon. Je n'avais pas le droit, en effet, de vous dire tout ça. J'étais jaloux et j'imagine qu'on n'a le droit d'être jaloux que de ce que l'on possède. De toute façon, il semble évident que je vous ennuyais plutôt. Vous allez être débarrassée de moi, je pars en province, avec mon cher maître, étudier un procès. Nous habiterons une vieille maison de campagne chez des amis à lui. J'imagine que les lits sentiront la verveine, qu'on fera un feu dans chaque chambre, que les oiseaux chanteront devant ma fenêtre le matin. Mais je sais que, pour une fois, je ne pourrai pas jouer au jeune homme bucolique. Vous dormirez près de moi. Je vous croirai à la portée de ma main, éclairée par les flammes ; je manquerai revenir dix fois. Ne croyez pas, même si vous ne voulez jamais me revoir, ne croyez pas que je ne vous aime pas. Votre Simon. »

La lettre hésitait entre les doigts de Paule. Elle glissa sur le drap, puis sur le tapis. Paule reposa la tête sur son oreiller, ferma les yeux. Sans doute l'aimait-il... Elle était lasse, ce matin, elle avait mal dormi. Cela tenait-il à la petite phrase qu'avait laissée échapper Roger la veille lorsqu'elle l'interrogeait sur son trajet de retour, petite phrase qu'elle n'avait pas relevée tout d'abord, mais sur laquelle il avait buté, et sur laquelle sa voix avait baissé progressivement pour finir en un murmure.

« Bien sûr, c'est toujours odieux la rentrée du dimanche… Mais, au fond, l'autoroute, même encombrée, est rapide… »

Sans doute, s'il n'avait pas changé d'intonation, elle n'aurait rien remarqué. Elle eût imaginé aussitôt, par un réflexe inconscient de son esprit, ce terrible réflexe de protection tellement développé depuis deux ans, elle eût imaginé une merveilleuse autoroute toute neuve vers Lille. Mais il s'était arrêté, elle ne l'avait pas regardé, et il avait fallu que ce soit elle qui fasse, quinze secondes plus tard, repartir leur dialogue de gens tranquilles. Leur dîner s'était achevé sur le même ton, mais il semblait à Paule que la fatigue, le découragement qu'elle ressentait, bien plus que toute jalousie ou toute curiosité, ne la quitteraient jamais. En face d'elle, se tendait ce visage si connu, si aimé, ce visage qui cherchait à savoir si elle avait compris, ce visage qui cherchait la souffrance sur le sien comme un insupportable bourreau. Elle en vint à penser alors : « Mais n'est-ce pas déjà assez qu'il me fasse souffrir ; est-ce que ça ne pourrait pas, au moins, lui être égal ? » Et il lui semblait qu'elle ne pourrait plus jamais se lever de sa chaise, traverser le restaurant avec l'aisance, la grâce qu'il attendait d'elle, ni même lui dire au revoir sur le pas de sa porte. Elle aurait aimé pouvoir autre chose : elle aurait aimé pouvoir l'insulter, lui jeter son verre à la tête, se départir d'elle-même, de tout ce qui la rendait digne, estimable, de tout ce qui la différenciait des douze petites traînées qu'il voyait. Elle eût aimé en être une. Il lui avait bien assez dit ce qu'elles représentaient pour lui, et qu'il était comme ça, et qu'il ne voulait pas lui cacher. Oui, il avait été honnête. Mais elle se demandait si l'honnêteté la seule honnêteté possible dans cette vie inextricable, ne consistait pas à aimer quelqu'un suffisamment pour le rendre heureux. Même en renonçant, au besoin, à ses représentations favorites.

La lettre de Simon était restée sur le tapis et elle mit le pied dessus en se levant. Elle la ramassa, la relut. Puis elle ouvrit le tiroir de sa table, prit un stylo et du papier, et répondit.

*

Simon était resté seul dans le salon, n'ayant pas voulu, à l'issue du procès, se mêler à la foule qui félicitait le grand maître. La maison était triste et froide, il avait gelé la nuit d'avant et par la fenêtre on apercevait un paysage figé, deux arbres dénudés et une pelouse jaunie, où pourrissaient doucement deux fauteuils de rotin sacrifiés à l'automne par un jardinier insouciant. Il lisait un livre anglais, une étrange histoire au sujet d'une femme transformée en renard, et de temps en temps riait tout haut, mais ses jambes s'agitaient, et il croisait les pieds, les décroisait, et le sentiment de son malaise physique se glissait peu à peu entre le livre et lui jusqu'au moment où il se leva, posa le livre et sortit.

Il descendit jusqu'à une petite mare, au bas du jardin, respirant l'odeur du froid, l'odeur du soir mêlées à celle, plus lointaine, d'un feu de feuilles mortes dont il distinguait à peine la fumée derrière une haie. Il aimait cette dernière odeur plus que tout et s'arrêta une seconde pour mieux la respirer, les yeux clos. De temps en temps, un oiseau poussait un petit cri sans grâce et l'ensemble parfait, la réunion de ces nostalgies le soulageaient vaguement de la sienne. Il se pencha sur l'eau terne, y plongea la main, regarda ses doigts maigres que l'eau rendait obliques, presque perpendiculaires à sa paume. Il ne bougeait pas, refermait son poing dans l'eau, avec lenteur, comme pour y capter un mystérieux poisson. Il n'avait pas vu Paule depuis sept jours maintenant, sept jours et demi. Elle avait dû recevoir sa lettre, hausser un peu les épaules, la cacher pour éviter que Roger ne la trouve et ne se moque de lui. Car elle était bonne, il le savait bien. Elle était bonne, et tendre, et malheureuse, il avait besoin d'elle. Mais comment le lui faire savoir ? Il avait essayé, un soir, dans cette maison sinistre, de penser à elle si longtemps, si intensément qu'elle en soit atteinte, dans son Paris lointain, et était même redescendu en pyjama fouiller dans la bibliothèque pour découvrir un ouvrage de télépathie. En vain, bien sûr ! C'était puéril, il le savait, il essayait toujours de se tirer de tout par des solutions enfantines ou des coups de chance. Mais Paule était quelqu'un qu'il fallait mériter, il ne pouvait se le cacher. Il ne pourrait pas la conquérir à force de charme. Au contraire, il sentait que son physique le desservait auprès d'elle. « J'ai une tête de garçon coiffeur », gémit-il tout haut, et l'oiseau arrêta une seconde son cri lancinant.

Il remonta lentement vers la maison, s'allongea sur le tapis, remit une bûche dans le feu. Maître Fleury allait rentrer, modeste, en son triomphe, mais encore plus sûr de lui que d'habitude. Il évoquerait des causes célèbres, devant quelques provinciales éblouies qui, au dessert, un peu lasses, commenceraient à détourner leurs regards teintés de la légère buée du bourgogne vers le jeune assistant stagiaire, poli et silencieux, c'est-à-dire lui-même. « Vous avez une chance avec celle-ci, mon petit Simon », lui soufflerait maître Fleury et probablement en lui désignant la plus vieille. Ils avaient déjà voyagé ensemble mais les allusions obsédées du grand avocat ne les avaient jamais entraînés loin ni l'un ni l'autre.

Ses prévisions se confirmèrent. Seulement, ce fut un des dîners les plus gais de sa vie ; il n'arrêta pas de parler, coupa la parole au grand avocat et séduisit toutes les femmes présentes. En arrivant, maître Fleury lui avait donné une lettre qu'on avait fait suivre de l'avenue Kléber au palais de justice de Rouen. Elle était de Paule. Il mettait la main dans sa poche, la sentait sous ses doigts et souriait de bonheur. Et, tout en parlant, il essayait de s'en rappeler les termes exacts, la reconstituait doucement dans sa tête.

« Mon petit Simon — elle l'avait toujours appelé ainsi — votre lettre était trop triste. Je n'en mérite pas tant. D'ailleurs, je m'ennuyais de vous. Je ne sais plus très bien où j'en suis — et elle avait réécrit son nom : « Simon » — et puis elle avait ajouté ces deux mots merveilleux : « Revenez vite. »

Il allait rentrer tout de suite, dès le dîner fini. Il roulerait très vite jusqu'à Paris, il passerait devant sa maison, peut-être la verrait-il.

A deux heures, il était devant chez elle, incapable de bouger. Une demi-heure après, une voiture s'arrêta devant lui, Paule en descendit, seule. Il ne bougea pas, la regarda traverser la rue, agiter la main vers la voiture qui repartit. Il ne pouvait pas bouger. C'était Paule. Il l'aimait, et il écoutait cet amour en lui appeler Paule, la rejoindre, lui parler; il l'écoutait sans bouger, effrayé, l'esprit douloureux et vide.

# CHAPITRE IX

Le lac du bois de Boulogne s'étalait, glacé, devant eux, sous un soleil morne ; seul un rameur sportif, un de ces hommes étranges que l'on voit chaque jour essayer de garder une forme dont personne ne peut sembler soucieux, tant leur physique est anonyme, faisait de grands efforts pour y rappeler l'été, sa rame soulevant parfois une gerbe d'eau étincelante, argentée, et presque inopportune tant l'hiver, parmi les arbres figés, s'annonçait triste. Paule le regardait s'escrimer au fond de la barque, le front plissé. Il ferait le tour de l'île, rentrerait fatigué, content de lui-même ; et elle découvrait un aspect symbolique à ce petit tour quotidien et obstiné. Simon, près d'elle, se taisait. Il attendait. Elle se tourna vers lui et sourit. Il la regarda sans lui rendre son sourire. Il n'y avait aucune mesure entre la Paule pour laquelle il avait traversé un département la veille au soir, une Paule offerte, et — il le savait bien — nue, vaincue dans son esprit comme la route qu'il parcourait, et la Paule tranquille, à peine contente de le voir, qui somnolait à son côté sur une chaise en fer, dans un décor trop usé. Il était déçu, et travestissant sa déception, croyait qu'il ne l'aimait plus. Ces huit jours obsédés à la campagne, dans cette maison triste, avaient été un bel exemple des sottises où pouvait l'entraîner son imagination. Cependant, il ne pouvait refouler en lui-même ce désir douloureux, ce vertige à la seule idée de renverser cette tête lasse sur le dossier de la chaise, lui meurtrissant ainsi la nuque, et d'approcher sa bouche de cette bouche pleine, si tranquille, et d'où tombaient depuis deux heures des mots d'apaisement, de gentillesse dont il n'avait que faire. Elle lui avait écrit : « Revenez vite. » Et plus que de son attente de ces mots, il se repentait de sa joie à les recevoir, de son allégresse imbécile, de sa confiance. Il préférait avoir été malheureux pour une bonne raison qu'heureux pour une mauvaise. Il le lui dit et elle détourna son regard du rameur pour le fixer.

« Mon petit Simon, tout le monde en est là. C'est vous dire si cette prétention est naturelle. »

Elle se mit à rire. Il était arrivé comme un fou avenue Matignon, le matin, et elle lui avait fait tout de suite comprendre que cette lettre ne signifiait rien.

« Quand même, recommença-t-il, vous n'êtes pas une femme à écrire "Revenez vite" à n'importe qui.

— J'étais seule, dit-elle. Et dans un drôle d'état. Évidemment, je n'aurais pas dû vous écrire : "Revenez vite", c'est vrai ! »

Pourtant, elle pensait le contraire. Il était là, et elle était heureuse qu'il y fût. Si seule, elle avait été si seule ! Roger avait une nouvelle histoire (on ne le lui avait pas laissé ignorer) avec une petite jeune femme folle de cinéma ; il en semblait plutôt honteux, bien qu'ils n'en par-lassent jamais, mais ses alibis avaient une diversité que le contentement ne lui fournissait pas d'habitude. Elle avait dîné deux fois avec lui cette semaine-là. Seulement deux fois. En fait, sans ce garçon à côté d'elle, malheureux par sa faute, elle eût été extrêmement malheureuse, elle-même.

« Venez, dit-il, rentrons. Vous vous ennuyez. »

Elle se leva sans protester. Elle avait envie de le pousser à bout et s'en voulait comme d'une cruauté. C'était l'envers de sa tristesse que cette cruauté, l'absurde besoin d'une vengeance qu'il ne méritait pas. Ils montèrent dans la petite voiture de Simon et il eut un sourire amer en se rappelant ce qu'aurait dû être dans son esprit cette première promenade ensemble : la main dans la main de Paule, conduisant de la main gauche avec des prodiges d'habileté, ce beau visage penché sur lui. Il tendit la main vers elle à l'aveuglette et elle la prit entre les siennes. Elle pensait : « Ne pourrai-je donc jamais, jamais faire de bêtises ? » Il arrêta la voiture ; elle ne dit rien et il regarda sa propre main, immobile entre les mains, légèrement ouvertes, de Paule, prêtes à laisser fuir la sienne, ne demandant sans doute que ça, et il renversa la tête en arrière, subitement las à mourir, résigné à la quitter pour toujours. En cet instant, il avait vieilli de trente ans, il se soumettait à la vie et il sembla à Paule, pour la première fois, qu'elle le reconnaissait.

Pour la première fois, il lui apparut semblable à elle, à eux (Roger et elle), non point vulnérable, car elle avait toujours su qu'il l'était et elle n'imaginait personne qui pût ne pas l'être. Mais plutôt libéré, dépouillé de tout ce que sa jeunesse, sa beauté, son inexpérience lui prêtaient d'insupportable à ses yeux ; il avait toujours été pour elle, confusément, un prisonnier : prisonnier de sa facilité, de la facilité de sa vie. Et voilà qu'il renversait, non pas vers elle, mais vers les arbres, ce profil d'homme demi-mort, ne se débattant plus. En même temps, elle se souvint du Simon allègre, ahuri, qu'elle avait rencontré en robe de chambre, et elle eut envie de le rendre à lui-même, de le chasser définitivement, le livrant ainsi à un chagrin passager et à mille petites demoiselles futures et trop imaginables. Le temps l'instruirait mieux qu'elle et moins vite. Il laissait sa main immobile dans la sienne, elle sentait le pouls contre ses doigts et, soudainement, les larmes aux yeux, ne sachant pas si elle les versait sur ce jeune homme trop tendre ou sur sa propre vie un peu triste, elle attira cette main vers ses lèvres et l'embrassa.

Il ne dit rien, repartit. Pour la première fois, il s'était passé quelque chose entre eux ; il le savait et il était plus heureux encore que la veille. Elle l'avait « vu », enfin, et s'il avait été assez sot pour penser que le premier événement entre eux ne puisse être qu'une nuit d'amour, il n'avait à s'en prendre qu'à lui. Il lui faudrait beaucoup de patience, beaucoup de tendresse et, sans doute, beaucoup de temps. et il se sentait patient, tendre, avec toute la vie devant lui. Il songeait même que cette nuit d'amour, si elle venait, ne serait qu'une étape et non point l'aboutissement habituel qu'il prévoyait en général ; qu'il y aurait des jours et des nuits entre eux, peut-être, mais que ce ne serait jamais fini. En même temps, il la désirait âprement.

# CHAPITRE X

Madame Van den Besh vieillissait. Ayant eu jusque-là — en raison de son physique et de ce qu'on eût pu presque appeler, tout au moins jusqu'à ce mariage inespéré avec Jérôme Van den Besh, une « vocation » — plus d'amis hommes que femmes, elle constatait avec l'apparition de la vieillesse une solitude qui la désespérait et l'accrochait au premier venu, à la première venue. Elle trouva en Paule une compagnie idéale du fait même de leurs relations d'affaires. L'appartement de l'avenue Kléber était sens dessus dessous, Paule devait y passer tous les jours ou presque et Mme Van den Besh trouvait mille prétextes pour la retenir. De plus, cette Paule, malgré sa distraction apparente, semblait être très amie avec Simon, et bien que Mme Van den Besh eût cherché en vain entre eux le moindre signe d'une complicité plus certaine, elle ne pouvait s'empêcher de lui jeter des clins d'œil, des allusions qui semblaient glisser sur Paule mais mettaient Simon hors de lui. C'est ainsi qu'elle l'avait vu un soir, pâle et défait, s'accrochant brusquement à elle et la menaçant — elle, sa mère ! — des pires sévices si elle « gâchait » tout.

« Gâcher quoi? Veux-tu me lâcher? Tu couches avec elle, ou pas?

— Je t'ai déjà dit que non.

— Eh bien alors? Si elle n'y pense pas, je l'y fais penser. C'est très bien pour toi. Elle n'a pas douze ans. Tu l'emmènes au concert, aux expositions, Dieu sait où... Tu crois que ça l'amuse? Nigaud, tu ne comprends... »

Mais Simon était déjà sorti. Il était rentré depuis trois semaines et vivait de Paule, pour Paule, des quelques heures qu'elle lui accordait parfois dans la journée, ne la quittant qu'au dernier moment et retenant sa main dans la sienne un instant de trop, comme les héros romantiques dont il s'était tellement moqué. Aussi fut-il épouvanté le jour que, son salon fini, sa mère décida de donner un dîner et d'y inviter Paule. Elle ajouta qu'elle inviterait aussi Roger, compagnon officiel de Paule, ainsi que dix autres personnes.

Roger accepta. Il voulait voir de plus près ce petit gandin qui suivait Paule partout et dont elle parlait avec une affection plus rassurante pour lui que n'eût été toute réserve. De plus, il avait des remords envers Paule car il la négligeait depuis un mois. Mais il était envoûté par Maisy, par sa bêtise, son corps, par les scènes affreuses qu'elle lui faisait, par sa jalousie morbide et enfin par la passion inattendue qu'elle développait pour lui et qu'elle lui jetait au visage tous les jours avec une impudeur si parfaite qu'il en était fasciné. Il avait l'impression de vivre dans un bain turc, il pensait vaguement que c'était la dernière passion à l'état cru qu'il provoquerait de sa vie et il cédait, il décommandait Paule — qui disait : « Très bien, mon chéri, à demain »

71

de sa voix égale — avant de retourner dans le petit boudoir affreux où Maisy, en larmes, jurait de lui sacrifier sa carrière, s'il en exprimait le désir. Il s'observait avec curiosité, se demandait jusqu'à quel point il pourrait supporter la bêtise de cette liaison, puis il la prenait dans ses bras, elle commençait à roucouler et il puisait dans les phrases mi-idiotes mi-grossières qu'elle murmurait une excitation érotique comme il en avait rarement connu. Ce Simon, en tenant compagnie à Paule, en toute modestie, était donc bien commode. Dès qu'il en aurait fini avec Maisy, il remettrait les choses en place et d'ailleurs épouserait Paule. Il n'était sûr de rien, ni de lui-même : la seule chose dont il ait jamais été sûr, c'était l'amour indestructible de Paule et, depuis quelques années, de son propre attachement à elle.

Il arriva un peu en retard et, dès le premier coup d'œil, se rendit compte que c'était le type même de dîner où il s'ennuierait à mourir. Paule lui reprochait souvent son manque de sociabilité, et, en effet, en dehors de son travail, il ne voyait personne, si ce n'est dans des buts très précis, ou sinon, comme avec Paule et un seul ami, pour parler. Il vivait seul, il ne supportait pas certaines réunions mondaines trop fréquentes à Paris, il avait tout de suite envie d'être grossier ou de partir. Il y avait là quelques personnes choisies, connues dans leur milieu ou par les journaux, sûrement aimables en plus et avec qui l'on parlerait théâtre pendant le dîner, ou cinéma, ou, ce qui serait pire, de l'amour et des rapports entre hommes et femmes, sujet qu'il craignait entre tous car il avait l'impression de n'y rien connaître, ou tout au moins d'être incapable de formuler les connaissances qu'il en avait. Il salua tout le monde d'un air rogue, son grand corps un peu raide, et, comme chaque fois, en gardant de son arrivée l'impression d'avoir malencontreusement créé un courant d'air. Impression demi-juste d'ailleurs, car il provoquait toujours une diversion, tant il semblait peu assimilable, dès l'abord, dans une conversation, et par là, pour beaucoup de femmes, désirable. Paule portait la robe qu'il aimait, noire, plus décolletée que les autres, et en se penchant vers elle, il lui sourit avec reconnaissance, pour ce qu'elle était : elle, à lui, seule reconnaissable en ce lieu. et elle ferma les yeux une seconde, souhaitant désespérément qu'il la prenne dans ses bras. Il s'assit près d'elle et, seulement à ce moment, vit Simon immobile, pensa qu'il devait souffrir de sa présence et retira instinctivement le bras qu'il avait passé derrière Paule. Elle se retourna et il y eut brusquement, au milieu de la conversation générale, un silence à trois, passionné des deux côtés, et qui ne fut interrompu que par le geste de Simon, se penchant pour donner du feu à Paule. Roger les regardait, regardait la longue silhouette de Simon, son profil sérieux, un peu trop fin, penché vers le profil grave de Paule, et une sorte de rire irrespectueux le gagnait. Ils étaient réservés, sensibles, bien élevés, il lui tendait du feu, elle lui refusait son corps, tout cela avec des nuances et en disant : « Merci, non merci. » Lui était d'une autre espèce, une petite putain l'attendait avec les plaisirs les plus ordinaires, et après elle, la nuit de Paris, et mille rencontres; puis, à l'aube, un travail épuisant, presque manuel, avec des hommes comme lui, morts de fatigue, et dont il avait fait le métier. Au même moment, Paule dit : « Merci », de sa voix tranquille, et il ne put s'empêcher de lui prendre la main, de la lui serrer pour la rappeler à lui. Il l'aimait. Ce petit garçon pouvait bien l'entraîner dans les concerts ou les musées, il n'y toucherait pas. Il se leva, prit un scotch sur un plateau, le but d'un trait et se sentit mieux.

Le dîner se passa comme il l'avait prévu. Il émit quelques grognements, essaya de parler et ne se réveilla qu'à la fin alors que Mme Van den Besh lui demandait, avec une évidente envie de le lui apprendre, s'il savait avec qui couchait X ? Il répondit que ça ne l'intéressait pas plus que de savoir ce qu'il mangeait, que ça n'avait pas plus d'importance à ses yeux et qu'on ferait mieux de s'occuper de la table des gens que de leur lit, ce qui leur attirerait moins d'ennuis. Paule se mit à rire, car il avait ainsi jeté à bas toute la conversation du dîner, et Simon ne put s'empêcher de l'imiter. Roger avait trop bu, il titubait un peu en se levant et ne remarqua pas le siège que tapotait près d'elle, en minaudant, Mme Van den Besh.

« Ma mère vous demande », dit Simon.

Ils étaient en face l'un de l'autre. Roger le regardait et cherchait confusément en lui un menton mou, ou une bouche veule, mais sans les trouver, ce qui le mit de mauvaise humeur.

« Et Paule doit vous chercher ?

— J'y vais », dit Simon et il tourna les talons.

Roger le rattrapa par le coude. Il était brusquement furieux. Le garçon le regardait, l'air surpris.

« Attendez… j'ai quelque chose à vous demander. »

Ils s'examinaient, l'un et l'autre conscients

qu'il n'y avait rien à dire, encore. Mais Roger s'étonnait de son geste, et Simon en était si fier qu'il sourit. Roger comprit, le lâcha.

« Je voulais vous demander un cigare.

— Tout de suite. »

Roger le suivit des yeux. Puis il vint vers Paule qui parlait à un groupe et la prit par le bras. Elle le suivit et l'interrogea aussitôt.

« Qu'as-tu dit à Simon ?

— Je lui ai demandé un cigare. Que craignais-tu ?

— Je ne sais pas, dit-elle, soulagée. Tu avais l'air furieux ?

— Pourquoi serais-je furieux ? Il a douze ans. Tu me crois jaloux ?

— Non, dit-elle, et elle baissa les yeux.

— Si je devais être jaloux, ce serait plutôt de ton voisin de gauche. Au moins, c'est un homme. »

Elle se demanda une seconde à qui il faisait allusion, comprit et ne put s'empêcher de sourire. Elle ne l'avait même pas remarqué. Tout le dîner avait été, pour elle, éclairé par Simon, dont les yeux, comme un phare, venaient régulièrement effleurer son visage toutes les deux minutes, cherchant son regard une seconde de trop. Parfois elle le lui accordait et il souriait alors, d'un sourire si tendre, si anxieux qu'elle ne pouvait pas ne pas le lui rendre. Il était infiniment plus beau, plus vivant que son voisin de gauche, et elle pensa que Roger n'y connaissait rien. D'ailleurs Simon s'approchait et tendait une boîte de cigares à Roger.

« Merci, dit Roger (il en choisissait un avec précautions), vous ne savez pas encore ce que c'est qu'un bon cigare. Ce sont des plaisirs réservés à mon âge.

— Je vous les laisse, dit Simon. J'ai horreur de ça.

— Paule, la fumée ne te dérange toujours pas? D'ailleurs, nous allons bientôt rentrer, dit-il en se retournant vers Simon, je dois me lever tôt. »

Simon n'accusa pas le « nous ». « Ça veut dire qu'il va la poser en bas de chez elle pour aller retrouver cette petite grue, et que, moi, je serai ici, privé d'elle. » Il regarda Paule, crut voir la même pensée sur son visage, murmura :

« Si Paule n'est pas fatiguée... je peux la ramener plus tard. »

Ils se tournèrent ensemble vers elle. Elle sourit à Simon et décida qu'elle aimait mieux rentrer, qu'il était tard.

Dans la voiture, ils ne dirent pas un mot. Paule attendait. Roger l'avait arrachée à une soirée où elle s'amusait; il lui devait une explication, ou une excuse. Devant sa porte, il s'arrêta, laissa le moteur tourner... et elle comprit aussitôt qu'il n'avait rien à dire, qu'il ne monterait pas, que tout cela n'avait été de sa part qu'une réaction de propriétaire prudent. Elle descendit, murmura : « Bonsoir », et traversa la rue. Roger démarra aussitôt; il s'en voulait.

Mais devant chez elle, il y avait la voiture de Simon et Simon à l'intérieur. Il la héla et elle vint vers lui, étonnée.

« Comment êtes-vous là? Vous avez dû conduire comme un fou. Et la soirée de votre mère?

— Asseyez-vous une seconde », supplia-t-il.

Ils chuchotaient dans la nuit comme si quelqu'un eût pu les entendre. Elle se glissa dans la petite voiture avec habileté et remarqua qu'elle en avait pris l'habitude. L'habitude aussi de ce visage confiant tourné vers elle et que la lumière du réverbère coupait en deux.

« Vous ne vous êtes pas trop ennuyée ? dit-il.

— Mais non... je... »

Il était tout près d'elle, beaucoup trop près, pensa-t-elle. Il était trop tard pour parler, et il n'avait pas à la suivre. Roger aurait pu le voir, tout cela était fou... elle embrassa Simon.

Le vent d'hiver se levait dans les rues, il passa sur la voiture ouverte, rejeta leurs cheveux entre eux, Simon couvrait son visage de baisers ; elle respirait, étourdie, cette odeur de jeune homme, son essoufflement, et la fraîcheur nocturne. Elle le quitta sans un mot.

A l'aube, elle se réveilla à demi et comme en un rêve, elle revit la masse noire des cheveux de Simon, mêlés aux siens par le vent violent de la nuit, toujours entre leurs visages comme une barrière soyeuse et elle crut sentir encore la bouche si chaude qui la traversait. Elle se rendormit en souriant.

## CHAPITRE XI

Il y avait dix jours à présent qu'il ne l'avait vue. Le lendemain de ce soir affolé, si tendre, où elle l'avait embrassé, il avait reçu un mot d'elle, lui enjoignant de ne pas chercher à la revoir. « Je vous ferais du mal et j'ai trop de tendresse pour vous. » Il n'avait pas compris qu'elle avait moins peur pour lui que pour elle ; il avait cru à sa pitié et ne s'en était même pas vexé, cherchant simplement un moyen, une idée qui lui permît d'envisager la vie sans elle. Il ne pensait pas que ces précautions de style : « Je vous ferais trop de mal, c'est imprudent », etc., sont souvent les guillemets d'une histoire, venant immédiatement avant, ou immédiatement après, mais en aucun cas décourageants. Paule l'ignorait aussi. Elle avait eu peur, elle attendait inconsciemment qu'il vienne la chercher et l'oblige à se laisser aimer. Elle n'en pouvait plus, et la monotonie des jours d'hiver, l'éternel défilé des mêmes rues qui la menaient, solitaire, de son appartement à son travail, ce téléphone si traître qu'elle regrettait chaque fois de décrocher tant la voix de Roger y était absente, honteuse, enfin la nostalgie d'un long été jamais retrouvé ; tout la conduisait à une passivité désarmée et exigeant à tout prix « que quelque chose se passe ».

Simon travaillait. Il était ponctuel, appliqué et taciturne. De temps en temps, il relevait la tête, fixait Mme Alice d'un regard absent et passait sur ses lèvres un doigt hésitant... Paule, ce dernier soir, la manière brusque et presque autoritaire dont elle avait mis sa bouche sur la sienne, sa tête renversée ensuite et ses deux mains maintenant doucement contre le sien le visage de Simon, le vent... Mme Alice toussotait, gênée par ce regard, et il souriait un peu. Paule avait eu un mouvement de dépit, c'était tout. Il n'avait pas essayé de la suivre ensuite, il avait peut-être eu tort? Il ressassait dix fois, vingt fois les moindres incidents des semaines passées, leur dernière promenade en voiture, cette exposition si ennuyeuse d'où ils s'étaient échappés, ce dîner infernal chez sa mère... et chaque détail revenu, chaque image, chaque hypothèse le faisaient souffrir un peu plus. Cependant, les jours passaient, il gagnait du temps, ou il perdait sa vie, il ne savait plus où il en était.

Un soir, il descendit un escalier sombre avec un ami et se retrouva dans une petite boîte de nuit qu'il ne connaissait pas. Ils avaient beaucoup bu, ils recommandèrent à boire et devinrent tristes à nouveau. Puis une femme noire vint chanter, elle avait une immense bouche rose, elle ouvrait les portes de mille nostalgies, elle allumait les feux d'une sentimentalité désespérée où ils se laissèrent glisser ensemble.

« Je donnerais deux ans de ma vie pour aimer quelqu'un, dit l'ami de Simon.

— Eh bien, moi, j'aime, dit Simon, et elle ne saura jamais que je l'aimais. Jamais. »

Il se refusa à tout commentaire, mais en même

temps il lui semblait que rien n'était perdu, que ce n'était pas possible ; tout ce flot en lui pour rien ! Ils invitèrent la chanteuse à boire ; elle était de Pigalle, mais elle rechanta comme si elle arrivait de La Nouvelle-Orléans, offrant à Simon, étourdi, une vie bleutée et tendre, peuplée de profils et de mains tendues. Il resta très tard, tout seul, à l'écouter, et rentra dégrisé chez lui, à l'aube.

\*

A six heures du soir, le lendemain, Simon attendait Paule devant son magasin. Il pleuvait, il enfonçait dans ses poches des mains qu'il s'en voulait de sentir trembler. Il se sentait étrangement vide et sans réaction. « Mon Dieu, pensa-t-il, peut-être ne suis-je plus bon, vis-à-vis d'elle, qu'à souffrir. » Et il eut une grimace de dégoût.

A six heures et demie, Paule sortit. Elle avait un tailleur sombre, un foulard bleu gris comme ses yeux, l'air las. Il fit un pas vers elle, elle lui sourit et il se sentit tout à coup envahi d'un tel sentiment de plénitude, de tranquillité, qu'il ferma les yeux. Il l'aimait. Quoi qu'il lui arrive, si cela lui arrivait par elle, il ne pouvait rien perdre. Paule vit ce visage aveugle, ces deux mains tendues, et elle s'arrêta. Il lui avait manqué, c'était vrai, pendant ces dix jours. Sa présence continuelle, son admiration, son entêtement avaient créé, pensait-elle, une sorte d'habitude sensible à laquelle elle n'avait aucune raison d'échapper. Mais le visage qu'il tendait vers elle n'avait rien à voir avec l'habitude, ni le confort moral d'une femme de trente-neuf ans. C'était autre chose. Le trottoir gris, les passants, les voitures autour d'eux lui semblèrent tout à coup un décor stylisé, figé, sans époque. Ils se regardaient à deux mètres l'un de l'autre et avant qu'elle ne se rendormît dans la réalité bruyante et morne de la rue, tandis qu'elle restait encore aux aguets, éveillée, à l'extrémité de sa propre conscience, Simon fit un pas et la prit dans ses bras.

Il la tenait contre lui, ne la serrant pas, le souffle suspendu, mais possédé par un grand calme. Il appuyait sa joue contre ses cheveux et regardait fixement devant lui l'enseigne d'une librairie « Les Trésors du Temps », tout en se demandant vaguement combien de trésors il pouvait y avoir dans cette librairie et combien de déchets. En même temps, il s'étonnait de se poser une question aussi absurde en ce moment précis.

Il avait l'impression d'avoir enfin résolu un problème.

« Simon, dit Paule, depuis quand êtes-vous là? Vous devez être tout mouillé. »

Elle respirait l'odeur de sa veste de tweed, de son cou, et n'avait pas envie de bouger. Elle éprouvait de son retour un soulagement inattendu, comme une délivrance.

« Vous savez, dit Simon, je ne pouvais absolument pas vivre sans vous. J'agissais dans le vide. Je ne m'ennuyais même pas, j'étais privé de moi-même. Et vous.

— Moi, dit Paule. Oh! vous savez, Paris n'est pas très gai en ce moment. (Elle essayait de redonner un ton normal à la conversation.) J'ai vu une collection nouvelle, fait la femme d'affaires, rencontré deux Américains. Il est question que j'aille à New York... »

En même temps, elle pensait qu'il était inutile de parler sur ce ton dans les bras de ce garçon debout sous la pluie, comme resteraient deux amants éperdus, mais elle ne pouvait pas bouger. La bouche de Simon se posait doucement sur ses tempes, ses cheveux, sa joue, ponctuant ses phrases. Elle s'arrêta de parler, appuya un peu plus son front contre son épaule.

« Vous avez envie d'aller à New York ? » dit au-dessus d'elle la voix de Simon.

Pendant qu'il parlait, elle sentait sa mâchoire bouger contre sa tête. Cela lui donnait envie de rire, comme une écolière.

« Les U.S.A., c'est une expérience sûrement amusante. Vous ne croyez pas ? Je n'y ai jamais été.

— Moi non plus, dit Simon. Ma mère trouve ça épouvantable, mais elle a toujours eu horreur des voyages ! »

Il aurait pu lui parler, des heures durant, de sa mère, du goût des voyages, de l'Amérique et de la Russie. Il avait envie de lui dire cent lieux communs, de lui faire cent discours tranquilles, sans effort. Il ne pensait plus à l'étonner ni à la séduire. Il était bien, il se sentait sûr de lui et fragile à la fois. Il lui fallait l'emmener chez elle pour pouvoir l'embrasser pour de bon, mais il n'osait pas la lâcher.

« J'ai besoin de réfléchir », dit Paule.

Et elle ne savait même pas si elle parlait de lui ou de son voyage. Elle avait peur aussi de relever la tête, de voir ce visage encore adolescent, contre le sien, peur de se retrouver elle-même, Paule, sage et décidée. Peur de se juger.

« Simon », dit-elle à voix basse.

Il se pencha, l'embrassa légèrement sur les

lèvres. Ils gardaient les yeux ouverts et chacun ne voyait de l'autre qu'une immense tache scintillante, pleine de reflets et d'ombres, une pupille démesurément grandie, liquide et comme épouvantée.

Deux jours plus tard, ils dînèrent ensemble. Paule n'eut besoin que de quelques phrases pour que Simon comprît ce qu'avaient été pour elle ces dix jours : l'indifférence de Roger, ses sarcasmes sur Simon, la solitude. Paule avait sans doute espéré mettre cette trêve à profit pour reprendre Roger, tout au moins le revoir, recréer leur entente. Mais elle s'était heurtée à un enfant exaspéré. Ses efforts, si touchants dans leur modestie : un dîner comme lui les appréciait, plus la robe qu'il aimait, et plus une conversation sur le thème qu'il préférait, tous ces moyens qui, dans les magazines féminins, semblent autant de recettes dérisoires, pires même que basses mais qui, utilisés par une femme intelligente, sont plus émouvants que n'importe quoi, n'avaient servi à rien. Et elle ne se sentait pas humiliée de les utiliser, n'étant même pas honteuse de remplacer par un éclairage savant ou un gigot tendre les phrases qui lui brûlaient les lèvres : « Roger, je suis malheureuse par ta faute ; Roger, ça doit changer. » A y penser, ce n'était pas par un réflexe ancestral de ménagère qu'elle agissait ainsi, ni même par une amère résignation. Non, c'était plutôt une sorte de sadisme envers « eux », envers ce qu'ils avaient été ensemble. Comme si l'un d'eux, lui ou elle, avait dû se lever brusquement et dire : « En voilà assez. » Et elle attendait ce réflexe d'elle-même presque aussi anxieusement que de Roger. Mais en vain. Quelque chose, peut-être, était mort.

Ayant donc passé dix jours dans les calculs et les faux espoirs, elle ne pouvait être que vaincue par Simon. Simon disant : « Je suis heureux, je vous aime », sans que ce soit plat ; Simon balbutiant au téléphone ; Simon qui lui apportait quelque chose d'entier, ou tout au moins la moitié entière de quelque chose. Elle savait assez qu'il faut, pour ce genre de choses, être deux, mais elle se sentait lasse d'être, depuis trop longtemps, toujours la première et apparemment la seule. Ce n'est rien d'aimer, lui disait Simon, parlant de lui-même, il faut aussi être aimé. Et cela lui paraissait singulièrement personnel. Seulement, au seuil de cette histoire où elle s'était engagée, elle s'étonnait de ne ressentir, au lieu de l'excitation, de l'élan qui avaient prélude par exemple à sa liaison avec Roger, qu'une immense et tendre lassitude qui affectait jusqu'à ses pas. Chacun lui conseillait de changer d'air, et elle songeait, tristement, qu'elle allait simplement changer d'amant : moins dérangeant, plus parisien, tellement fréquent... Et elle se détournait de son propre reflet dans la glace ou le couvrait de cold-cream. Seulement quand Simon sonna, ce soir-là, qu'elle vit sa cravate foncée, et ses yeux inquiets, l'intense jubilation de toute sa personne, sa gêne aussi, comme quelqu'un de trop gâté par la vie et qui hérite encore, elle eut envie de partager son bonheur. Le bonheur qu'elle lui donnait : « Voici mon corps, ma chaleur, ma tendresse ; ils ne me servent à rien, mais peut-être, entre tes mains, recouvreront-ils pour moi quelque saveur. » Il resta cette nuit-là sur son épaule.

Elle imaginait sur quel ton les gens, ses amis, diraient cela : « Vous savez, Paule ? » Et plus que la peur des racontars, plus même que la peur de la différence d'âge entre elle et Simon qui, elle le savait bien, serait soulignée, c'était la honte qui la prenait. Honte à penser avec quelle gaieté les gens diraient cela, quel entrain ils lui prêteraient, quel goût pour la vie et les jeunes hommes, alors qu'elle ne se sentait que vieille et lasse, et à la recherche d'un peu de réconfort. Et elle s'écœurait à penser qu'on puisse être à la fois, vis-à-vis d'elle, féroce et flatteur, ce qu'elle avait vu cent fois au sujet d'autres personnes. On avait dit elle : « Cette pauvre Paule » parce que Roger la trompait, ou « Cette folle indépendante » ; lorsqu'elle avait quitté un jeune et beau et ennuyeux mari, on l'avait blâmée ou plainte. Mais on n'avait jamais eu pour elle ce mélange de mépris et d'envie que, cette fois, elle allait susciter.

## CHAPITRE XII

Contrairement à ce qu'avait cru Paule, Simon, leur première nuit, ne dormit pas. Il se borna à la tenir contre lui, la main sur un pli léger qu'elle avait à la taille, immobile, écoutant sa respiration régulière et y adaptant la sienne. « Il faut être très amoureux ou très dégoûté pour simuler le sommeil », pensait-il vaguement et lui, qui n'était habitué qu'au second cas, se sentait aussi fier et responsable du sommeil de Paule que les vestales de leur feu sacré. Ainsi passèrent-ils leur nuit côte à côte, chacun veillant sur le faux sommeil de l'autre, attentifs et attendris, n'osant bouger.

Simon était heureux. Il se sentait plus responsable vis-à-vis de Paule, pourtant de quinze ans son aînée, qu'il ne l'eût été envers une jeune vierge de seize. Tout en restant émerveillé de la condescendance de Paule et, pour la première fois, retirant de cette étreinte une impression de cadeau, il lui semblait indispensable de veiller, l'œil fixe, comme pour la protéger à l'avance du mal qu'un jour il pourrait lui faire. Il veillait, il montait la garde contre ses propres lâchetés, ses comédies passées, ses terreurs, ses ennuis subits et sa faiblesse. Il la rendrait heureuse, il serait heureux, et il se disait avec étonnement qu'il ne s'était jamais formulé ce genre de serments au cours de ses plus grandes conquêtes. Ils eurent ainsi, au matin, quelques faux réveils, simulant l'un après l'autre le bâillement, l'étirement tranquille, mais jamais ensemble. Quand Simon se retournait ou se dressait sur un coude, Paule s'enfouissait instinctivement dans les draps, craignant son regard, ce premier regard d'une liaison, plus banal et plus décisif que n'importe quel geste. Et quand, à bout de patience, c'était elle qui bougeait, Simon, les yeux clos, attentif lui aussi et craignant déjà de perdre son bonheur nocturne, retenait son souffle. Enfin, elle le surprit, la regardant les yeux mi-clos dans la faible lueur du jour à travers les rideaux et elle s'immobilisa, tournée vers lui. Elle se sentait vieille et laide, elle le regardait fixement afin qu'il la voie bien, qu'au moins, il n'y ait pas entre eux cette équivoque du réveil. Simon, les yeux toujours mi-clos, sourit, murmura son nom et se glissa contre elle. « Simon », dit-elle, et elle se raidit, elle essaya encore de transformer cette nuit en caprice. Il mit la tête sur son cœur, l'embrassa doucement, à la saignée du bras, à l'épaule, à la joue, la serrant contre lui. « J'ai rêvé de toi, dit-il, je ne rêverai plus que de toi. » Elle referma les bras sur lui.

Simon voulut la conduire à son travail, précisant qu'il la laisserait au coin, si elle préférait. Elle répondit, un peu tristement, qu'elle n'avait de comptes à rendre à personne et il y eut entre eux un moment de silence. Ce fut Simon qui le rompit.

« Tu ne sors pas avant six heures ? Tu déjeunes avec moi ?

— Je n'ai pas le temps, dit-elle, je prendrai un sandwich là-bas.

— Que vais-je faire jusqu'à six heures ? » gémit-il.

Elle le regarda. Elle s'inquiétait ; pouvait-elle lui dire qu'il n'était pas obligatoire pour eux de se retrouver à six heures ? D'un autre côté, l'idée qu'il pourrait être devant la porte, impatient, dans sa petite voiture, tous les soirs, lui procurait un réel bonheur... Quelqu'un qui vous attend tous les soirs, quelqu'un qui ne téléphone pas d'un air vague, à huit heures et quand il en a envie... Elle sourit.

« Qui te dit que je n'ai pas un dîner, ce soir ? »

Simon, qui mettait ses boutons de manchettes avec difficulté, s'arrêta. Au bout d'une seconde, il dit : « Rien en effet », d'une voix neutre. Il pensait à Roger, bien sûr ! Il ne pensait qu'à Roger, il le voyait prêt à reprendre son bien ; il avait peur. Mais elle savait que Roger ne pensait pas à elle. Tout cela lui parut odieux. Qu'elle soit au moins généreuse !

« Je n'ai pas de dîner, ce soir, dit-elle. Viens là, je vais t'aider. »

Elle était assise sur le lit et il s'agenouilla devant elle, tendant ses bras comme si ses manchettes avaient été des menottes. Il avait des poignets de jeune garçon, lisses et maigres. En lui mettant ses boutons, Paule eut soudain l'impression de rejouer cette scène pour la seconde fois. « Ça fait très théâtre », pensa-t-elle, mais elle posa sa joue contre les cheveux de Simon, avec un petit rire heureux.

« Et que vais-je faire jusqu'à six heures ? dit Simon entêté.

— Je ne sais pas... tu vas travailler.

— Je ne pourrai pas, dit-il, je suis trop heureux.

— Ça n'empêche pas de travailler !

— Moi si. D'ailleurs, je sais ce que je vais faire. Je vais me promener et je penserai à toi, puis je déjeunerai seul en pensant à toi, et puis j'attendrai six heures. Je n'ai rien d'un jeune homme actif, tu sais.

— Que va dire ton avocat ?

— Je ne sais pas. Pourquoi veux-tu que j'aille gâcher mon temps à préparer mon avenir, puisque mon présent seul m'intéresse. Et me comble », ajouta-t-il avec un grand salut.

Paule haussa les épaules. Mais Simon fit exactement ce qu'il avait dit, ainsi que les jours suivants. Il roulait dans Paris, souriant à tout le monde, passait dix fois devant le magasin de Paule à dix à l'heure, lisait un livre, arrêté n'importe où, le reposant parfois pour renverser la tête en arrière, les yeux clos. Il avait l'air d'un somnambule heureux et cela ne laissait pas d'émouvoir Paule et de le lui rendre plus cher. Elle avait l'impression de donner et s'étonnait que ça lui semble tout à coup presque indispensable.

*

Roger voyageait depuis dix jours, par un temps épouvantable, passant de dîners d'affaires en dîners d'affaires, et le département du Nord se symbolisait pour lui par une route glissante et interminable et des décors anonymes de restaurants. De temps en temps, il téléphonait à Paris, demandant deux numéros à la fois, et écoutait les plaintes de Maisy-Marcelle avant de se plaindre à Paule — ou après. Il se sentait découragé, incapable ; sa vie ressemblait à cette province. La voix de Paule changeait, devenait à la fois plus angoissée et plus lointaine ; il avait envie de la revoir. Il n'avait jamais pu passer quinze jours loin d'elle sans qu'elle lui manque. A Paris, bien sûr, où il la savait prête à le voir, toujours à sa disposition, il pouvait espacer leurs rencontres ; mais Lille la lui rendait comme aux premiers jours où il vivait suspendu à sa vie, craignant de la conquérir comme il craignait maintenant de la perdre. Le dernier jour, il lui annonça son retour. Il y eut un silence puis elle reprit aussitôt : « Il faut que je te voie » d'un air définitif. Il ne posa pas de questions, mais prit rendez-vous avec elle pour le lendemain.

Il rentra à Paris dans la nuit et se retrouva devant chez Paule vers deux heures du matin. Pour la première fois, il hésitait à monter. Il n'était pas sûr de retrouver ce visage heureux, se contraignant au calme, que ses surprises provoquaient d'habitude ; il avait peur. Il attendit dix minutes, gêné par lui-même, se fournissant de mauvaises raisons : « elle dort, elle travaille trop », etc., puis repartit. Devant chez lui, il hésita encore, puis soudain fit demi-tour et se rendit chez Maisy. Elle dormait, elle lui tendit un visage bouffi : « elle était sortie très tard avec ses inévitables producteurs... elle était trop heureuse... d'ailleurs, elle rêvait de lui juste avant », etc. Il se déshabilla rapidement, s'endormit aussitôt malgré ses agaceries. Pour la première fois, il n'avait pas envie d'elle. A l'aube, il s'exécuta machinalement, s'amusa un peu de ses récits et décida que tout allait bien. Il passa la matinée chez elle, et la quitta dix minutes avant son rendez-vous avec Paule.

# CHAPITRE XIII

« Je dois donner un coup de téléphone, dit Paule. Après le déjeuner, il serait trop tard. »

Roger se leva comme elle quittait la table et Paule lui fit ce petit sourire d'excuses qu'elle ne pouvait s'interdire lorsqu'elle l'obligeait, par les convenances de la société ou du cœur, à se déranger pour elle. Elle y pensait avec agacement en descendant l'escalier humide qui conduisait au téléphone. Avec Simon, c'était différent. Il était tellement appliqué et content, tellement prêt à s'occuper d'elle, lui ouvrir les portes, allumer ses cigarettes, courir au-devant de ses moindres désirs qu'il finissait par y penser avant elle et que cela ressemblait plus à une série d'attentions que d'obligations. Ce matin-là, elle l'avait quitté à demi endormi, l'oreiller entre les bras, ses mèches noires dispersées, et lui avait laissé un mot : « Je t'appellerai à midi. » Mais, à midi, elle avait retrouvé Roger et à présent elle se surprenait à le laisser seul pour téléphoner à un jeune amant paresseux. Le remarquerait-il ? Il avait son front plissé et soucieux des mauvais jours, il semblait plus vieux.

Simon décrocha aussitôt. Il se mit à rire dès qu'elle eut dit : « Allô », et elle rit aussi.

« Tu es réveillé?

— Depuis onze heures. Il est une heure. J'ai déjà téléphoné à la poste pour savoir si le téléphone n'était pas en dérangement.

— Pourquoi?

— Tu devais m'appeler à midi. Où es-tu?

— Chez Luigi's. Je commence à déjeuner.

— Ah! Bon », dit Simon.

Il y eut un silence. Enfin, elle ajouta sèchement :

« Je déjeune avec Roger.

— Ah! Bon...

— Tu ne sais dire que ça, dit-elle. « Ah! Bon... » Je suis au magasin à deux heures et demie, au plus tard. Que fais-tu?

— Je vais prendre quelques vêtements chez ma mère, dit Simon très vite. Je vais les pendre sur des cintres chez toi et puis je vais chercher cette aquarelle qui te plaît chez Desnos. »

Une seconde, elle eut envie de rire. C'était bien Simon, cette manière d'enchaîner deux phrases.

« Pourquoi? Tu comptes mettre ton vestiaire à la maison? »

Elle cherchait en même temps des arguments sérieux pour l'en dissuader. Mais lesquels? Il ne la quittait guère et jusqu'ici elle ne lui en avait pas fait reproche...

« Oui, dit Simon. Il y a trop de gens autour de toi. Je veux faire le chien de garde et avec des costumes propres.

— Nous en reparlerons », dit-elle.

Elle avait l'impression de téléphoner depuis une heure. Roger était seul, en haut. Il allait lui poser des questions et elle ne pouvait se défendre, vis-à-vis de lui, d'un sentiment de culpabilité.

« Je t'aime », dit Simon avant de raccrocher.

En sortant, elle se donna machinalement un coup de peigne devant la glace du vestiaire. Il y avait, en face d'elle, un visage à qui quelqu'un disait : « Je t'aime. »

Roger buvait un cocktail et Paule s'en étonna, sachant qu'il ne prenait jamais rien avant le soir.

« Ça ne va pas ?

— Pourquoi ? Ah ! le dry ? Non, je suis fatigué aujourd'hui.

— Il y a longtemps que je ne t'ai vu », dit-elle, et comme il acquiesçait un peu distraitement, elle sentit les larmes lui monter aux yeux. Un jour, ils en seraient vraiment là : « Il y a deux mois qu'on ne s'est vu, ou trois ? » Et ils feraient le compte, paisiblement. Roger, avec ses drôles de gestes et son visage fatigué, cet air enfantin en dépit de sa force et de sa semi-cruauté... Elle détourna la tête. Il avait sa vieille veste grise qu'elle avait vue pendre, presque neuve, sur une chaise de sa chambre, au début de leur liaison. Il en était très fier. Il ne se souciait que rarement d'être élégant et il était d'ailleurs un peu lourd pour l'être vraiment.

« Quinze jours, dit-elle tranquillement. Tu vas bien ?

— Oui. Enfin, comme ça. »

Il s'arrêta. Sans doute, attendait-il qu'elle dise : « Tes affaires ? », mais elle ne le fit pas. Il fallait d'abord qu'elle lui parle de Simon ; ensuite, il pourrait se confier à elle sans avoir à éprouver plus tard le sentiment d'avoir été ridicule.

« Tu t'es amusée ? » dit-il.

Elle s'arrêta. Ses tempes battaient, elle sentait son cœur s'éteindre. Elle s'entendit dire :

« Oui, j'ai revu Simon. Souvent.

— Ah ! dit Roger. Ce charmant garçon ? Toujours fou de toi ? »

Elle hocha la tête lentement et une fois de trop, sans lever les yeux.

« Ça t'amuse toujours ? » dit Roger.

Elle leva la tête mais, à son tour, il ne la regardait pas : il portait une grande attention à son pamplemousse. Elle pensa qu'il avait compris.

« Oui, dit-elle.

— Ça t'amuse ? Ou ça fait plus que t'amuser ? »

A présent, ils se regardaient. Roger posa sa cuillère sur son assiette. Elle détaillait avec une tendresse affolée les deux longues rides autour de la bouche, le visage immobile et les yeux bleus, un peu cernés.

« Plus », dit-elle.

La main de Roger revint sur la cuillère, la saisit. Elle pensa qu'il n'avait jamais su manger un pamplemousse correctement. Le temps semblait à la fois ne pas passer et lui siffler aux oreilles.

« Je suppose que je n'ai rien à dire », dit Roger.

Et, à cela, elle sut qu'il était malheureux. Heureux, il l'eût reprise. Mais là, il semblait le lapidé à qui elle eût jeté la dernière pierre. Elle murmura :

« Tu avais tout à dire.

— Tu le mets toi-même à l'imparfait.

— Pour t'épargner, Roger. Si je te disais que tout dépend encore de toi, que pourrais-tu me répondre ? »

Il ne répondit rien. Il fixait la nappe.

Elle continua :

« Tu me dirais que tu es trop obsédé par ta liberté, que tu as trop peur de la perdre, pour... enfin pour faire l'effort nécessaire à me reprendre.

— Je te dis que je ne sais rien, dit Roger brusquement. Évidemment, je déteste l'idée que... Il est doué au moins ?

— Il ne s'agit pas de dons de cette sorte, dit-elle. Il m'aime. »

Elle le vit se détendre un peu et le détesta une seconde. Il se rassurait : tout cela était une crise sentimentale, il restait, lui, l'amant, le vrai, le mâle.

« Quoique évidemment, ajouta-t-elle, je ne peux pas dire qu'il me laisse indifférente, sur un certain plan. »

« C'est la première fois, pensa-t-elle, étourdie, que je lui fais mal, volontairement. »

« Je t'avouerai, dit Roger, que je ne pensais pas, en t'invitant à déjeuner, subir le récit de tes ébats avec un petit jeune homme.

— Tu pensais me faire supposer les tiens avec une petite jeune femme, dit Paule aussitôt.

— C'est déjà plus normal », dit-il, les dents serrées.

Paule tremblait. Elle prit son sac, se leva.

« Je suppose que tu vas me parler de mon âge ?

— Paule... »

Debout à son tour, il la suivait dans les portes où elle se perdait, les yeux aveuglés de larmes. Il la rattrapa à sa voiture. Elle essayait en vain de tirer le démarreur. Il passa la main par la portière, mit le contact qu'elle avait oublié. La main de Roger... elle tourna vers lui un visage défait.

« Paule… tu sais très bien… J'ai été ignoble. Je te demande pardon. Tu sais que je ne pensais pas ça.

— Je sais, dit-elle. J'ai été mal, aussi. Il vaut mieux ne pas nous revoir un temps. »

Il restait immobile, l'air perdu. Elle lui adressa un petit sourire.

« Au revoir, mon chéri. »

Il se pencha vers la portière.

« Je tiens à toi, Paule. »

Elle partit très vite pour qu'il ne voie pas les larmes qui lui brouillaient la vue. Machinalement, elle mit les essuie-glaces et son geste lui arracha un petit rire désolé. Il était une heure et demie. Elle avait tout le temps de rentrer chez elle, de se calmer, de se remaquiller. Elle espérait et redoutait à la fois que Simon fût parti. Elle se heurta à lui sous la porte cochère.

« Paule… qu'est-ce que vous avez ? »

Dans sa panique, il la vouvoyait à nouveau. « Il voit que j'ai pleuré, il doit me plaindre », pensa-t-elle, et ses larmes redoublèrent. Elle ne répondit pas. Dans l'ascenseur, il l'entoura de ses bras, but ses larmes, la supplia de ne plus pleurer, jura indistinctement de « tuer ce type », ce qui la fit sourire.

« Je dois être affreuse », dit-elle avec l'impression d'avoir lu mille fois cette phrase, ou de l'avoir entendue cent fois au cinéma.

Plus tard, elle s'assit sur le canapé près de Simon et lui prit la main.

« Ne me demande rien, dit-elle.

— Pas aujourd'hui. Mais un jour, je te demanderai tout. Très bientôt. Je ne supporte pas qu'on te fasse pleurer. Je ne supporte surtout pas qu'il y arrive, s'écria-t-il avec colère. Et moi, moi, je ne pourrai jamais te faire pleurer… ? »

Elle le regarda : les hommes étaient décidément des bêtes féroces.

« Tu y tiens tant que ça ?

— J'aimerais mieux souffrir moi-même », dit Simon, et il enfouit son visage dans le cou de Paule.

Quand elle rentra le soir, il avait bu les trois quarts d'une bouteille de scotch et n'était même pas ressorti. Il déclara avec une grande dignité qu'il avait eu des soucis personnels, ébaucha un discours sur la difficulté d'être et s'endormit sur le lit pendant qu'elle lui retirait ses chaussures. Mi-attendrie, mi-effrayée.

*

Roger était à la fenêtre, il regardait l'aube. C'était une de ces fermes-hôtels d'Ile-de-France où la campagne rejoint étrangement l'idée que s'en font les épuisés de la ville. Avec des collines tranquilles, des champs féconds et, tout au long des routes, des panneaux publicitaires. Mais, là, à cette heure insolite où le jour se lève, c'était la vraie et lointaine campagne de l'enfance qui venait assiéger Roger d'une lourde et frileuse odeur de pluie. Il se retourna et dit : « Charmant temps pour un week-end », mais il pensait : « C'est merveilleux. J'aime ce brouillard. Si je pouvais être seul. » Dans la tiédeur de son lit, Maisy se retourna.

« Ferme la fenêtre, demanda-t-elle. Il fait froid. »

Elle tirait le drap sur ses épaules. Déjà prise à la gorge, malgré l'heureuse langueur de son corps, par l'effrayante idée de cette journée à venir, dans cet endroit inconnu, avec Roger silencieux et distrait, et ces champs à perte de vue... Elle avait envie de gémir.

« Je t'ai demandé de fermer la fenêtre », dit-elle sèchement.

Il avait allumé une gauloise, la première du jour, et il en goûtait l'âcreté presque désagréable et cependant délicieuse, déjà arraché à sa rêverie matinale et sentant, avec une sorte d'impatience, l'hostilité de Maisy monter dans son dos. « Qu'elle se fâche, qu'elle se lève d'un bond, qu'elle prenne le car, qu'elle rentre à Paris! Je me promènerai à pied dans les champs toute la journée, je trouverai bien un chien perdu pour m'accompagner », car il avait horreur d'être seul.

Cependant, après sa deuxième injonction, Maisy hésitait. Elle pouvait oublier la fenêtre et se rendormir, ou bien recommencer la scène. Dans son esprit encore embué de sommeil, s'agitaient des phrases telles que : « Je suis une femme qui a froid. Il est un homme qui doit fermer la fenêtre », en même temps que l'instinct, très matinal ce jour-là, qu'il ne fallait pas provoquer Roger.

Elle choisit un moyen terme.

« Tu devrais fermer la fenêtre et demander le petit déjeuner, chéri. »

Roger se retourna déçu et dit au hasard :

« Chéri ? Qu'est-ce que ça signifie : "chéri" ? »

Elle se mit à rire. Il continua :

« Je ne te demande pas de rire. Sais-tu seulement ce que ça veut dire : "chéri" »? Est-ce que tu me chéris ? Connais-tu autrement que par ouï-dire le verbe "chérir" »?

« Je dois en avoir vraiment assez, pensait-il, étonné lui-même par ses propres mots; quand je commence à m'occuper du vocabulaire d'une femme, c'est que la fin est proche. »

« Qu'est-ce qu'il te prend ? » dit Maisy.

Elle soulevait hors du lit une tête presque horrifiée et qui lui parut comique, et des seins qu'il ne désirait plus. Indécente. Elle était indécente !

« C'est très important, dit-il, les sentiments. Je suis une passade pour toi. Une passade commode. Aussi ne m'appelle pas "chéri", surtout le matin ; la nuit, passe encore !

— Mais, Roger, protesta Maisy justement alarmée, je t'aime.

— Ah ! non, ne dis pas n'importe quoi », s'écria-t-il, avec un mélange de gêne car il était plutôt brave — et de soulagement — car cette phrase ramenait leur situation à celle si classique et pour lui si familière de l'homme excédé par un amour intempestif.

Il enfila son chandail sur son pantalon et sortit, en regrettant sa veste de tweed. Mais il lui eût fallu faire le tour du lit pour la prendre et cette manœuvre eût compromis la rapidité nécessaire de sa sortie. Dehors, il respira l'air glacé, et une sorte de vertige le prit. Il lui fallait rentrer à Paris, et sans retrouver Paule. La voiture glisserait sur les routes fraîches, il prendrait son café à la porte d'Auteuil, dans le Paris mort du dimanche. Il revint payer sa note et partit comme un voleur. Maisy rapporterait sa veste, il enverrait sa secrétaire la prendre chez elle avec des fleurs. « Car je ne sais pas vivre », pensait-il sans gaieté.

Il roula un moment, les sourcils froncés, puis tendit la main vers la radio et se rappela : « Chérir, pensa-t-il, chérir, c'était Paule et moi. » Il n'avait plus de goût à rien. Il l'avait perdue.

# CHAPITRE XIV

Une semaine plus tard, dans l'appartement, l'odeur de tabac prit Paule à la gorge. Elle ouvrit la fenêtre du salon, appela « Simon » et ne reçut pas de réponse. Une seconde, elle eut peur et s'en étonna. Elle traversa le salon, entra dans sa chambre. Simon dormait étendu sur le lit, le col de sa chemise ouvert. Elle l'appela une seconde fois et il ne bougea pas. Elle revint au salon, ouvrit un placard, regarda la bouteille de scotch et la reposa avec une petite grimace de dégoût. Elle chercha un verre des yeux, ne le trouva pas et gagna la cuisine. Un verre lavé s'égouttait dans l'évier. Elle resta immobile, un instant, puis enleva lentement son manteau et, dans la salle de bains, se remaquilla et se coiffa avec soin. Elle posa sa brosse à cheveux très vite, s'en voulant de sa coquetterie comme d'une faiblesse. Il s'agissait bien de séduire Simon !

Revenue dans sa chambre, elle le secoua, et alluma la lampe de chevet. Il s'étira, murmura son nom et se retourna contre le mur.

« Simon », dit-elle sèchement.

En se retournant, il laissa voir le foulard de Paule dans lequel il avait dû enfouir son visage avant de s'endormir. Elle l'avait assez plaisanté sur son fétichisme. Mais elle n'avait plus envie de rire. Elle se sentait gagnée d'une colère froide. Elle le retourna vers la lumière. Il ouvrit les yeux, sourit et s'arrêta de sourire aussitôt.

« Que se passe-t-il ?

— J'ai à te parler.

— Je le savais », dit-il, et il s'assit sur le lit.

Elle se leva car elle avait dû réprimer un geste machinal pour repousser la mèche noire qui lui tombait sur les yeux. Elle s'appuya à la fenêtre.

« Simon, ça ne peut pas durer. C'est la dernière fois que je te le dis. Il faut que tu travailles. Tu en es à boire en cachette.

— J'ai juste lavé le verre. Tu as horreur du désordre !

— J'ai horreur du désordre, du mensonge et de la veulerie, dit-elle avec violence. Je commence à avoir horreur de toi. »

Il s'était levé, elle le sentait debout derrière elle, le visage défait et, volontairement, ne se retournait pas.

« Je sentais bien, dit-il, que tu ne me supportais plus. Entre aimer bien et ne plus aimer du tout, le pas est rapide, n'est-ce pas ?

— Il ne s'agit pas de sentiments, Simon. Il s'agit de ce que tu bois, que tu ne fais rien, que tu t'abêtis. Je t'ai dit de travailler. Je te l'ai dit cent fois. Celle-ci est la dernière.

— Et après ?

— Après, je ne pourrai plus te voir, dit-elle.

— Tu pourrais me quitter comme ça, dit-il pensivement...

— Oui. »

Elle se retourna vers lui, ouvrit la bouche : « Écoute, Simon... »

Il s'était rassis sur le lit, il regardait ses mains

avec une drôle d'expression. Il les leva lentement et les appuya sur son visage. Elle resta interdite. Il ne pleurait pas, ne bougeait pas et il semblait à Paule qu'elle n'avait jamais vu quelqu'un aussi complètement désespéré. Elle murmura son nom, comme pour l'arracher à un danger qu'elle ne concevait pas, puis vint vers lui. Il oscillait doucement au bord du lit, le visage toujours caché. Elle crut un instant qu'il était ivre et avança la main pour arrêter ce balancement. Puis elle essaya d'écarter ses mains, il résistait et elle finit par s'agenouiller en face de lui et le prendre aux poignets.

« Simon, regarde-moi... Simon, cesse cette comédie. »

Elle écarta ses mains et il la regarda. Il avait un visage parfaitement immobile, lisse, comme l'ont certaines statues, avec le même regard aveugle. Instinctivement, elle mit sa propre main sur ses yeux.

« Qu'est-ce que tu as ? Simon... Dis-moi ce que tu as... »

Il se pencha un peu plus, mit sa tête sur son épaule avec un soupir, comme quelqu'un de très fatigué.

« Il y a que tu ne m'aimes pas, dit-il paisiblement, et que tout ce que je peux faire ne sert à rien. Et que, depuis le début, je savais que tu me renverrais. Et que j'attendais, en courbant le dos et parfois en espérant... C'est ça le pire, en espérant parfois, surtout la nuit, dit-il plus bas, et elle se sentit rougir. Et puis aujourd'hui c'est arrivé, et depuis huit jours, je le sentais bien, et tout le whisky du monde ne parvenait pas à me rassurer. Et je te sentais me haïr doucement. Et voilà... Paule, dit-il, ensuite, Paule... »

Elle avait refermé les bras sur lui et elle le serrait contre elle, les yeux pleins de larmes. Elle s'entendait murmurer des mots rassurants : « Simon, tu es fou... tu n'es qu'un enfant... Mon chéri, mon pauvre amour... » Elle embrassait son front, ses joues, et elle pensa une seconde, avec cruauté pour elle, qu'elle en était enfin arrivée au stade maternel. En même temps, quelque chose en elle s'obstinait, se complaisait à bercer en Simon une vieille douleur commune.

« Tu es fatigué, dit-elle. Tu t'es joué la comédie de l'homme délaissé et tu as été ta propre victime. Je tiens à toi, Simon, je tiens beaucoup à toi. J'étais distraite ces temps-ci, à cause de mon travail, c'est tout.

— C'est tout? Tu ne veux pas que je m'en aille?

— Pas aujourd'hui, dit-elle en souriant. Mais je veux que tu travailles.

— Je ferai tout ce que tu voudras, dit-il. Allonge-toi près de moi, Paule, j'ai eu si peur! J'ai besoin de toi. Embrasse-moi. Ne bouge plus. Je déteste ces robes compliquées... Paule... »

Après, elle ne bougeait pas. Il respirait doucement contre elle, épuisé, et en mettant la main sur sa nuque, elle fut envahie d'un sentiment de possession si déchirant, si douloureux, qu'elle pensa l'aimer.

Le lendemain, il partit travailler, se réconcilia un peu avec son patron, consulta quelques dossiers, téléphona six fois à Paule, emprunta de l'argent à sa mère soulagée et revint chez Paule à huit heures et demie, avec l'air accablé de travail. En fin de journée, il avait passé deux heures à jouer au 421 dans un bar, à la seule fin de pouvoir opérer ce retour triomphal. Il pensait en lui-même que c'était décidément un métier bien ennuyeux et qu'il aurait beaucoup de mal à combler les heures creuses.

# CHAPITRE XV

D'ordinaire, Roger et Paule partaient ensemble en février passer une semaine à la montagne. Il avait été convenu entre eux que, quelle que soit leur situation sentimentale (et à ce moment-là, il ne s'agissait que de celle de Roger), ils s'arrangeraient pour se réserver ainsi, tous les hivers, quelques jours tranquilles. Un matin, Roger appela Paule à son bureau, lui annonçant qu'il partait dix jours plus tard et lui demandant s'il devait prendre un billet pour elle. Il y eut un silence. Un instant, elle se demanda avec terreur ce qui motivait chez lui cette invitation : un instinctif besoin d'elle, ou un remords, ou le désir de la séparer de Simon. Elle ne se fût peut-être rendue qu'à la première de ces raisons. Mais elle savait très bien que, quoi qu'il lui dise, elle n'en serait jamais assez sûre pour ne pas souffrir beaucoup durant ce séjour. En même temps, le souvenir de Roger à la montagne, débordant de vitalité, descendant les pistes comme un boulet en l'entraînant à sa suite, épouvantée, lui déchirait le cœur.

« Alors ?

— Je ne crois pas que ce soit possible, Roger. Nous ferions semblant de… enfin de ne pas penser à autre chose.

— C'est justement pour ne penser à rien que je pars. Et je t'assure que j'en suis très capable.

— Je partirais avec toi si tu… (elle allait dire : « Si tu étais capable de penser à moi, à nous », mais elle se tut)… si tu avais besoin vraiment que je vienne. Mais tu seras très bien tout seul ou avec… quelqu'un d'autre.

— Bien. Si je comprends, tu ne veux pas quitter Paris en ce moment ? »

« Il pense à Simon, se dit-elle ; pourquoi personne ne peut-il séparer les apparences de la réalité ? » En même temps, elle se dit que, depuis un mois, l'apparence de Simon était devenue sa vie quotidienne. Et peut-être lui devait-elle ce refus que quelque chose en elle avait aussitôt opposé à la voix de Roger.

« Si tu veux… » dit-elle.

Il y eut un silence.

« Tu n'as pas très bonne mine, Paule, en ce moment. Tu as l'air fatigué. Si tu ne pars pas avec moi, pars autrement, tu en as besoin. »

Sa voix était tendre et triste, et Paule sentit les larmes lui monter aux yeux. Oui, elle avait besoin de lui, elle avait besoin qu'il la protège complètement au lieu de lui proposer ces dix jours au rabais. Il aurait dû le savoir ; il y avait des bornes à tout, même à l'égoïsme masculin.

« Je partirai sûrement, dit-elle. Nous nous enverrons des cartes postales, d'une cime à l'autre. »

Il raccrocha. Après tout, il lui avait peut-être simplement demandé une aide et elle la lui avait refusée. C'était là un bel amour qu'elle lui portait ! Mais, en même temps, elle sentait confusément qu'elle avait raison, qu'elle avait le droit d'être exigeante et d'en souffrir, presque le devoir. Après tout, elle était une femme passionnément aimée. Jusqu'ici, elle était sortie avec Simon dans des petits restaurants du quartier, toujours seuls. Mais en rentrant, ce soir-là, elle le trouva sur le pas de la porte, dans un costume sombre, ses cheveux parfaitement coiffés, l'air solennel. Une fois de plus, elle remarqua sa beauté, l'allongement félin de ses yeux, le dessin parfait de sa bouche, et elle pensa avec amusement que ce petit garçon, qui passait la journée enfoui dans ses robes à l'attendre, avait un physique de reître et de bourreau des cœurs.

« Quelle élégance ! dit-elle. Que se passe-t-il ?

— Nous sortons, dit-il. Nous allons dîner dans un endroit somptueux et danser. Si on mangeait deux œufs au plat ici, je serais aussi content, mais j'ai envie de te sortir. »

Il lui enlevait son manteau. Elle remarqua qu'il s'était inondé d'eau de toilette. Dans sa chambre, sur le lit, était étalée une robe de demi-soir, très décolletée, qu'elle avait mise deux fois dans sa vie.

« C'est celle que je préfère, dit Simon. Veux-tu un cocktail ? »

Il avait préparé des cocktails, ceux qu'elle aimait. Paule s'assit sur le lit, désorientée : elle descendait de la montagne pour se trouver dans une soirée mondaine !

Elle lui sourit.

« Tu es contente ? Tu n'es pas fatiguée, au moins ? Si tu veux, j'enlève ce costume tout de suite et on reste ici. »

Il mit un genou sur le lit en faisant le geste d'enlever sa veste. Elle s'appuya à lui, glissa sa main sous sa chemise, sentit la chaleur de la peau sous sa paume. Il était vivant, tellement vivant.

« C'est une si bonne idée, dit-elle. Tu tiens à cette robe ? J'ai l'air un peu folle dedans.

— Je t'aime nue, dit-il, et c'est la plus nue que tu aies. J'ai bien cherché. »

Elle prit son verre, le but. Elle aurait pu rentrer seule dans son appartement, se coucher avec un livre, un peu triste, comme souvent avant lui, mais il était là, il riait, il était heureux, elle riait avec lui et il voulait à tout prix qu'elle lui apprenne le charleston, la vieillissant gaiement de vingt ans, et elle trébuchait sur le tapis en dansant, et elle tombait dans ses bras essoufflée, et il la serrait contre lui, et elle riait de plus belle, oubliant parfaitement Roger, la neige et les regrets. Elle était jeune, elle était belle, elle le poussait dehors, se maquillait un peu en vamp, mettait cette robe indécente et il tambourinait à la porte dans son impatience. Quand elle sortit, il la regarda ébloui, couvrit de baisers ses épaules. Il lui fit boire un deuxième cocktail, à elle qui ne savait pas boire. Elle était heureuse. Merveilleusement heureuse.

Dans le cabaret, à une table voisine de la leur, elle reconnut deux femmes un peu plus âgées qu'elle qui travaillaient parfois avec elle et qui lui adressèrent un sourire surpris. Quand Simon se leva pour la faire danser, elle entendit cette petite phrase : « Quel âge a-t-elle maintenant ? »

Elle s'appuya contre Simon. Tout était gâché. Sa robe était ridicule pour son âge, Simon un peu trop voyant et sa vie un peu trop absurde. Elle demanda à Simon de la raccompagner. Il ne protesta pas et elle sut qu'il avait, lui aussi, entendu.

Elle se déshabilla très vite. Simon parlait de

l'orchestre. Elle eût aimé le renvoyer. Elle s'allongea dans le noir pendant qu'il se déshabillait. Elle avait eu tort de boire ces deux cocktails et ce champagne ; le lendemain, elle aurait les traits tirés. Elle était comme étourdie de tristesse. Simon rentra dans la chambre, s'assit au bord du lit, mit une main sur son front.

« Pas ce soir, Simon, dit-elle, je suis lasse. »

Il ne répondit pas, resta immobile. Elle voyait sa silhouette contre la lumière de la salle de bains, il avait la tête penchée et semblait réfléchir.

« Paule, dit-il enfin, il faut que je te parle.

— Il est tard. J'ai sommeil. Demain.

— Non, dit-il. Je veux te parler tout de suite. Et tu vas m'écouter. »

Elle rouvrit les yeux, étonnée. C'était la première fois qu'il usait d'autorité envers elle.

« J'ai entendu comme toi ce qu'ont dit ces vieilles peaux, derrière nous. Je ne supporte pas que cela t'affecte. Ce n'est pas digne de toi, c'est lâche, et blessant pour moi.

— Mais, Simon, tu fais un drame de rien...

— Je ne fais pas un drame, je veux au contraire éviter que tu en fasses. Naturellement, tu me les cacherais. Mais tu n'as pas à me les cacher. Je ne suis pas un petit garçon, Paule. Je suis tout à fait en mesure de te comprendre et peut-être de t'aider. Je suis très heureux avec toi, tu le sais, mais mon ambition ne se borne pas là : je veux que toi, tu sois heureuse avec moi. Pour le moment, tu tiens trop à Roger pour l'être. Mais il faut que tu veuilles bien considérer notre histoire comme une chose positive, que tu dois m'aider à construire et non comme un heureux hasard. Voilà. »

Il parlait posément mais avec effort. Paule l'écoutait avec étonnement et une sorte d'espoir. Elle l'avait cru inconscient, il ne l'était pas et il croyait qu'elle pouvait tout recommencer. Peut-être, après tout, le pouvait-elle… ?

« Je ne suis pas inconséquent, tu sais. J'ai vingt-cinq ans, je n'avais jamais vécu avant toi et sûrement je ne vivrai plus après. Tu es la femme et surtout l'être humain qu'il me faut. Je le sais. Si tu le voulais, je t'épouserais demain.

— J'ai trente-neuf ans, dit-elle.

— La vie n'est pas un journal féminin, ni une suite de vieilles expériences. Tu as quatorze ans de plus que moi et je t'aime et je t'aimerai très longtemps. C'est tout. Aussi, je ne supporte pas que tu t'abaisses au niveau de ces vieilles taupes, par exemple, ni de l'opinion publique. Le problème, pour toi, pour nous, c'est Roger. Il n'y en a pas d'autres.

— Simon, dit-elle, je te demande pardon de… enfin d'avoir cru…

— Tu n'as pas pensé que je pensais, c'est tout. Maintenant, pousse-toi un peu. »

Il se glissa près d'elle, l'embrassa et la prit. Elle ne protesta pas de sa fatigue et il lui arracha un plaisir violent qu'il ne lui avait jusque-là pas fait connaître. Il caressa ensuite son front mouillé de sueur, l'installa au creux de son épaule, à l'opposé de son habitude, rabattit les couvertures sur elle, soigneusement.

« Dors, dit-il, je m'occupe de tout. »

Dans le noir, elle eut un petit sourire tendre et posa sa bouche sur son épaule, caresse qu'il accueillit avec le calme olympien d'un maître. Il resta longtemps éveillé, effrayé et fier de sa propre fermeté.

# CHAPITRE XVI

Pâques approchait et Simon passait ses jour-
nées sur des cartes, dissimulées entre les dossiers
de son patron ou étalées sur le tapis de Paule. Il
avait composé ainsi deux périples en Italie, trois
en Espagne et oscillait à présent vers la Grèce.
Paule l'écoutait sans rien dire : elle ne dispose-
rait, au mieux, que de dix jours et se sentait trop
fatiguée, même pour prendre un train. Elle eût
voulu une maison à la campagne, des jours qui se
ressemblent : l'enfance, bref! Mais elle ne se
sentait pas le cœur de décourager Simon. Il se
voyait déjà en parfait voyageur, sautant du
wagon pour l'aider à descendre, la guidant vers
une voiture louée dix jours à l'avance, qui les
amènerait au meilleur hôtel de la ville, dans une
chambre où il aurait fait par télégramme dispo-
ser des fleurs, oubliant qu'il n'avait jamais su
prendre une correspondance ni conserver un
billet. Il rêvait, il continuait à rêver, mais tous
ses rêves partaient vers Paule, s'y précipitaient
comme des fleuves agités vers une mer calme. Il
ne s'était jamais senti aussi libre que pendant ces
quelques mois qui le voyaient tous les jours au
même bureau, tous les soirs auprès du même
être, dans le même appartement, suspendu au

même désir, au même souci, à la même souffrance. Car Paule continuait à s'échapper parfois, à détourner les yeux, à sourire tendrement devant ses phrases passionnées. Paule continuait à se taire quand on parlait de Roger. Il avait souvent le sentiment d'une lutte absurde, exténuante et sans issue, car le temps, il le sentait bien, le temps qui passait ne lui faisait rien gagner. Il n'avais pas à effacer le souvenir de Roger, il avait à tuer en Paule quelque chose qui était Roger, une sorte de racine indestructible, douloureuse, et qu'elle portait avec constance, et il en venait parfois à se demander si ce n'était pas cette constance, cette souffrance acceptée qui l'avaient rendu amoureux d'elle et peut-être même entretenaient son amour. Mais, le plus souvent, il se disait : « Paule m'attend, dans une heure, je la tiendrai dans mes bras », et il lui semblait que Roger n'avait jamais existé, que Paule l'aimait, lui, Simon, et que tout était simple et éclatant de bonheur. Et c'était à ces moments-là que Paule le préférait, quand il lui imposait leur entente comme une évidence, un fait qu'elle ne pouvait qu'admettre. Elle avait bien assez de ses propres réserves. Seulement, lorsqu'elle était seule, la pensée de Roger vivant sans elle lui apparaissait une erreur capitale, elle se demandait avec terreur comment ils en étaient arrivés là. Et « eux », « nous », c'était toujours Roger et elle. Simon, c'était « lui ». Seulement, Roger n'en savait rien. Lorsqu'il serait lassé de sa vie, il viendrait se plaindre auprès d'elle, essayer sans doute de la reprendre. Et peut-être y parviendrait-il. Simon serait définitivement blessé, elle serait à nouveau seule, attendant des coups de téléphone incertains et des petites blessures certaines. Et elle se révoltait contre son propre fatalisme, cette impression que tout cela était inéluctable. Dans sa vie, il y avait quelqu'un d'inéluctable : Roger.

Mais cela n'empêchait pas qu'elle vécût avec Simon, qu'elle soupirât dans ses bras, la nuit, et qu'elle le retînt parfois contre elle dans un de ces mouvements que peuvent seuls arracher les enfants ou les amants trop habiles, un mouvement si possessif, si épouvanté à l'idée de la précarité de toute possession que lui-même n'en percevait pas l'intensité. En ces moments-là, Paule touchait à la vieillesse, à cette passion merveilleuse, unique, de l'amour qu'a la vieillesse, et elle s'en voulait ensuite, en voulait à Roger qui, lui, ne l'obligeait pas à dissocier, Roger qui n'était pas là. Quand Roger la prenait, il était son maître, elle était sa propriété, il était à peine plus âgé qu'elle, tout était conforme à certaines règles morales ou esthétiques qu'elle ne s'était pas jusque-là soupçonnée d'entretenir. Mais Simon ne se sentait pas son maître. Il avait adopté, par un cabotinage inconscient et dont il ne pouvait penser qu'il causerait sa perte, toute une attitude de dépendance qui le faisait s'endormir sur l'épaule de son amie, comme pour lui demander protection, qui le faisait se lever à l'aube pour préparer le petit déjeuner, qui le faisait enfin demander conseil pour tout, attitude qui émouvait Paule mais qui la gênait confusément, la mettait mal à l'aise comme devant quelque chose d'anormal. Elle l'estimait : il travaillait à présent ; il l'avait emmenée une fois à un procès, à Versailles, où il lui avait joué un remarquable numéro de jeune avocat, serrant des mains, souriant avec condescendance aux journalistes et toujours revenant vers elle comme vers le pivot de son agitation, arrêtant parfois les démonstrations verbales qu'il faisait à des inconnus pour se retourner vers elle, furtivement, vérifiant si elle le regardait. Non, il ne lui jouait pas la comédie du détachement. Aussi le fixait-elle, mettant dans son regard toute l'admiration, tout l'intérêt possibles, regard qui se changeait, dès qu'il lui tournait le dos, en affection et une certaine fierté. Les femmes le regardaient beaucoup. Elle se sentait bien, quelqu'un vivait pour elle. Pour elle enfin, la question de leur différence d'âge ne se posait plus ; elle ne se demandait pas : « Et dans dix ans, m'aimera-t-il encore ? » Dans dix ans, elle serait seule ou avec Roger. Quelque chose en elle le lui répétait obstinément. Et sa tendresse pour Simon, à l'idée de cette duplicité à laquelle elle ne pouvait rien, redoublait : « Ma victime, ma chère victime, mon petit Simon ! » Pour la première fois, elle goûtait cet affreux plaisir d'aimer qui l'on va faire souffrir, inéluctablement.

Cet « inéluctablement » et ses conséquences : les questions que lui poserait un jour Simon, qu'il serait en droit de lui poser comme un homme qui souffre, l'épouvantaient. « Pourquoi me préférez-vous Roger ? En quoi ce mufle distrait l'emporte-t-il sur le violent amour que je vous offre tous les jours ? » Et déjà elle s'affolait à la simple idée de devoir expliquer Roger. Elle ne dirais pas : « lui », elle dirait : « nous » car elle ne parvenait pas à dissocier leurs deux vies. Elle ignorait pourquoi. Peut-être parce que les efforts qu'elle avait faits pour leur amour depuis six ans, ces incessants, ces douloureux efforts lui étaient enfin devenus plus précieux que le bonheur. Peut-être parce qu'orgueilleusement elle ne pouvait supporter qu'ils eussent été inutiles, et que ce même orgueil en elle, à force de subir ces coups, s'en était à peu près nourri, finissant par choisir et consacrer Roger son maître à souffrir. Enfin, il lui avait toujours échappé. Et ce combat douteux était devenu sa raison d'être.

Cependant, elle n'était pas faite pour la lutte ; elle se le disait parfois, en caressant à rebours les cheveux doux, soyeux, coulants de Simon. Elle aurait pu glisser dans la vie comme sa main dans ces cheveux ; elle le lui murmurait. Ils restaient ainsi de longues heures dans la nuit noire, avant de s'endormir. Ils se tenaient la main, ils chuchotaient, elle avait par moments l'impression saugrenue d'être avec une camarade de classe à quatorze ans, dans un de ces dortoirs fantomatiques où les filles, à voix basse, parlent de Dieu ou des hommes. Elle chuchotait et Simon, ravi de ce demi-mystère, parlait bas à son tour.

« Comment aurais-tu vécu ?

— Je serais restée avec Marc, mon mari. Il était gentil, au fond, très mondain. Trop d'argent aussi... J'ai voulu essayer... »

Elle tentait de lui expliquer. Comment sa vie avait brusquement pris la forme d'une vie, par sa simple décision, à ce moment où elle s'était plongée dans le monde compliqué, si difficile, humiliant, des professions féminines. Les démarches, les ennuis matériels, les sourires, les silences. Simon l'écoutait, essayant de démêler dans ces souvenirs quelque chose qui se rapportât à son amour.

« Et alors ?

— Alors, je pense que j'aurais vécu ainsi ; j'en serais venue à tromper Marc distraitement, je ne sais pas... Mais seulement, j'aurais eu un enfant. Et rien que pour ça... »

Elle se taisait. Simon l'étreignait ; il voulait un enfant d'elle, il voulait tout. Elle rit, lui caressa les yeux de ses lèvres, continua.

« A vingt ans, ce n'était pas pareil. Je me rappelle très bien : j'avais décidé d'être heureuse. »

Oui, elle se rappelait très bien. Elle marchait dans les rues, sur les plages avec la hâte de son désir ; elle ne s'arrêtait pas de marcher, de chercher un visage, une idée : une proie. La volonté du bonheur planait sur sa tête, après avoir plané sur la tête de trois générations, il n'y avait pas d'obstacles, il n'y en aurait jamais assez. Maintenant, elle ne cherchait plus à prendre, elle ne cherchait qu'à garder. Garder un métier et un homme, les mêmes depuis longtemps et dont, à trente-neuf ans, elle n'était pas encore sûre. Simon s'endormait contre elle, elle murmurait : « Mon chéri, tu dors... ? » et ces deux mots le réveillaient à demi, il niait, il se pressait contre elle dans le noir, dans son parfum, dans leurs chaleurs mélangées, merveilleusement heureux.

# CHAPITRE XVII

C'était sa trentième cigarette, il le sentit en écrasant son mégot dans le cendrier débordé. Il eut un frémissement de dégoût, ralluma la lampe de chevet une fois de plus. Il était trois heures du matin, il ne parvenait pas à dormir. Il ouvrit la fenêtre brusquement et l'air glacé l'atteignit au visage, au cou, si durement qu'il referma la vitre, s'y appuya comme pour « regarder » le froid. Il délaissa enfin la rue déserte, jeta un coup d'œil à son miroir, détourna les yeux aussi vite. Il ne se plaisait pas. Il prit le paquet de gauloises sur la table de nuit, en mit une machinalement à sa bouche et la reposa aussitôt. Il n'aimait plus ces gestes machinaux, qui avaient été pour lui une grande part de la saveur de la vie ; il n'aimait plus ces gestes d'homme seul, il n'aimait plus le goût du tabac. Il fallait qu'il se soigne, il devait être malade. Bien sûr, il regrettait Paule, mais ce n'était pas suffisant. Elle devait dormir en ce moment dans les bras de ce petit garçon gâté, elle avait tout oublié. Lui, Roger, n'avait qu'à sortir, trouver une putain, et boire. Comme elle le supposait, d'ailleurs. Il le sentait, elle ne l'avait jamais vraiment estimé. Elle l'avait toujours trouvé rustre, brutal, bien qu'il lui eût offert le meilleur de lui-même, le plus solide. Les femmes étaient ainsi : elles semblaient tout exiger, tout offrir, elles vous laissaient glisser dans une complète confiance, puis elles disparaissaient un beau jour, pour la plus futile raison. Car rien n'était plus futile pour Paule qu'une liaison avec un Simon. Mais en ce moment, ce garçon la prenait dans ses bras, il se penchait sur ce visage renversé, sur ce corps si doux, si abandonné dans le plaisir, si... il se retourna brusquement dans la pièce, alluma enfin sa cigarette, aspirant la fumée avec une avidité furieuse, puis vida le cendrier dans la cheminée. Il aurait dû faire du feu ; Paule l'allumait chaque fois qu'elle venait, elle restait à genoux devant la cheminée, surveillant la naissance des flammes, l'activant parfois d'un de ces gestes adroits, si calmes, puis elle se relevait, reculait un peu, et la pièce devenait rose, ombreuse, agitée, il avait envie de faire l'amour et il le lui disait. Mais il y avait longtemps de cela. Depuis combien de temps Paule n'était-elle plus venue ? Deux ans, trois ans peut-être ? Il avait pris l'habitude de la retrouver chez elle : c'était plus facile, elle l'attendait.

Il tenait toujours le cendrier dans la main et il le lâcha : le cendrier roula par terre, intact. Il aurait aimé que cet objet se brise, sorte de son inertie, qu'il y ait des éclats, des débris. Mais le cendrier ne se cassait pas ; ils n'éclatent que dans les romans et dans les films, il eût fallu un de ces précieux petits cendriers en verre qui encombraient l'appartement de Paule, et non ce bon cendrier de Prisunic. Il avait dû casser au moins cent objets divers chez Paule, elle en riait toujours ; la dernière fois, c'était un verre de

118

cristal ravissant, le whisky y prenait une couleur mordorée, inhabituelle. Tout était à l'avenant, d'ailleurs, dans cet appartement dont il avait été le seigneur et maître. Tout était cohérent, doux, et tranquille. Il avait cru s'en échapper chaque fois, quand même, lorsqu'il repartait dans la nuit. Et maintenant il était seul chez lui, avec une colère inutile, contre un cendrier incassable. Il se recoucha, éteignit, s'avoua qu'il était malheureux, un instant, avant de s'endormir, la main sur le cœur.

# CHAPITRE XVIII

Ils se rencontrèrent à la porte d'un restaurant, un soir, et ils exécutèrent, tous les trois, ce petit ballet classique et extravagant, si fréquent à Paris : elle fit un petit signe de tête lointain à l'homme contre l'épaule duquel elle avait gémi, soupiré, dormi; il le lui rendit sans grâce, et Simon le regarda un instant sans le frapper comme il en avait envie. Ils s'assirent à deux tables assez éloignées et elle commanda son menu sans relever les yeux. Pour le patron du restaurant, pour les quelques clients qui connaissaient Paule, c'était une scène tout à fait ordinaire. Simon commanda à boire d'une voix décidée, et Roger, à une autre table, demanda à sa compagne quel cocktail elle préférait. Enfin Paule releva les yeux, sourit à Simon et regarda dans la direction de Roger. Elle l'aimait, cette évidence l'avait atteinte dès qu'elle l'avait vu dans la porte, avec son air buté : elle l'aimait encore, elle sortait d'un long sommeil inutile. Il la regarda à son tour, puis il essaya un sourire qui s'arrêta aussitôt.

« Que prenez-vous ? dit Simon. Du vin blanc ?
— Pourquoi pas ? »

Elle regardait ses mains sur la table, les couverts bien disposés, la manche de Simon contre son bras nu. Elle but très vite. Simon parlait sans son animation habituelle. Il semblait attendre quelque chose d'elle — ou de Roger. Mais quoi ? Pouvait-elle se lever, lui dire : « Excuse-moi », pouvait-elle traverser la salle et dire à Roger : « Cela suffit, rentrons » ? Cela ne se faisait pas. Rien ne se faisait plus, d'ailleurs, d'intelligent ni de sensible, à cette époque.

Après dîner, ils dansèrent; elle vit Roger tenant dans ses bras une femme brune, pour une fois pas trop mal, Roger qui oscillait devant elle avec sa maladresse coutumière. Simon se leva, il dansait bien, les yeux un peu fermés, il était souple et mince, il chantonnait, elle se laissait aller. A un moment, son bras nu frôla la main de Roger, plaquée sur le dos de la femme brune, elle ouvrit les yeux. Ils se regardèrent, Roger, Paule, chacun derrière l'épaule de « l'autre ». C'était un slow sans rythme, immobile. Ils se contemplaient à dix centimètres, sans aucune expression, sans se sourire, sans se reconnaître, semblait-il, puis soudainement la main de Roger lâcha le dos de la femme, se tendit vers le bras de Paule, l'effleura du bout des doigts et il y eut une expression si suppliante sur son visage qu'elle ferma les yeux. Simon tourna et ils se perdirent de vue.

Cette nuit-là, elle refusa de dormir avec Simon, alléguant une fatigue qu'elle ne ressentait pas. Elle resta dans son lit, longtemps, les yeux ouverts. Elle savait ce qui allait arriver, elle savait qu'il n'y avait pas, qu'il n'y avait jamais eu d'autre solution possible, et elle s'y résignait, dans le noir, la gorge un peu serrée. Au milieu de la nuit, elle se leva, passa dans le salon où dormait Simon, en travers du canapé. Elle voyait, éclairé par la lumière oblique venant de sa chambre, le corps étendu du garçon, le remous de son souffle. Elle regardait sa tête écrasée dans l'oreiller, et le petit sillon entre les deux vertèbres de sa nuque ; elle regardait sa propre jeunesse dormir. Mais quand il se retourna en gémissant vers la lumière, elle s'enfuit. Elle n'osait déjà plus lui parler.

Le lendemain matin, le pneumatique de Roger l'attendait au bureau. « Il faut que je te voie, cela ne peut plus durer. Téléphone-moi. » Elle téléphona. Ils convinrent de se retrouver à six heures le soir. Mais dix minutes après, il était là. Immense, dans ce magasin de femmes, désorienté. Elle vint vers lui, le fit passer dans un petit salon encombré de chaises cannées, dorées ; un décor de cauchemar ! Seulement alors, elle le vit. C'était bien lui. Il fit un pas vers elle, mit ses deux mains sur ses épaules. Il bégayait un peu, signe chez lui d'extrême émotion :

« J'étais si malheureux, dit-il.

— Moi aussi », s'entendit-elle répondre, et s'appuyant un peu contre lui, elle se mit enfin à pleurer, suppliant en elle-même Simon de lui pardonner ces deux derniers mots.

Il avait posé la tête sur ses cheveux, il disait : « Là, ne pleure pas », d'une voix bête.

« J'ai essayé, dit-elle enfin d'un ton d'excuse... j'ai essayé... vraiment... »

Puis elle pensa que ce n'était pas à lui qu'elle devait dire ça, mais à Simon. Elle s'embrouillait. Il fallait toujours faire attention, on ne pouvait jamais tout dire à la même personne. Elle continuait à pleurer, le visage immobile. Il se taisait.

« Dis quelque chose, murmura-t-elle.

— J'étais si seul, dit-il, j'ai réfléchi. Assieds-toi là, prends mon mouchoir. Je vais t'expliquer. »

Il lui expliqua. Il lui expliqua qu'il fallait surveiller les femmes, qu'il avait été imprudent et qu'il comprenait que tout ça était sa faute. Il ne lui en voulait pas de son inconséquence. Ils n'en parleraient plus. Elle disait : « Oui, oui, oui, Roger » et elle avait envie de pleurer encore plus et d'éclater de rire. En même temps, elle respirait l'odeur familière de son corps, de son tabac, et elle se sentait sauvée. Et perdue.

Dix jours plus tard, elle était chez elle, seule avec Simon pour la dernière fois.

« Tu oublies ça », dit-elle.

Elle tendait deux cravates, elle ne le regardait pas, elle se sentait à bout de forces. Il y avait près de deux heures maintenant qu'elle l'aidait à faire ses bagages. Légers bagages de jeune homme amoureux mais désordonné. Et partout ils retrouvaient le briquet de Simon, les livres de Simon, les chaussures de Simon. Il n'avait rien dit, il s'était bien tenu et il en avait conscience, ce qui l'étranglait.

« Ça suffit, dit-il. Vous n'aurez qu'à déposer le reste chez votre concierge. »

Elle ne répondit pas. Il jeta un coup d'œil autour de lui, essayant de penser : « La dernière fois, la dernière fois », mais il n'y parvenait pas. Il tremblait nerveusement.

« Je n'oublierai pas », dit Paule, et elle leva les yeux vers lui.

« Moi non plus. C'est autre chose, dit-il, autre chose. »

Et il oscilla, à mi-route, avant de jeter vers elle son visage défait. Elle le soutenait dans ses bras, une fois de plus, elle soutenait son chagrin comme elle avait soutenu son bonheur. Et elle ne pouvait s'empêcher de l'envier pour ce chagrin si violent, un beau chagrin, une belle douleur comme elle n'en aurait jamais plus. Il se dégagea brusquement et sortit, en abandonnant ses bagages. Elle le suivit, se pencha sur la rampe, cria son nom :

« Simon, Simon, et elle ajouta sans savoir pourquoi : Simon, maintenant je suis vieille, vieille... »

Mais il ne l'entendait pas. Il courait dans l'escalier, les yeux pleins de larmes ; il courait comme un bienheureux, il avait vingt-cinq ans. Elle referma la porte doucement, s'y adossa.

A huit heures, le téléphone sonna. Avant même de décrocher, elle savait ce qu'elle allait entendre :

« Je m'excuse, disait Roger, j'ai un dîner d'affaires, je viendrai plus tard, est-ce que... »

*Achevé d'imprimer en décembre 1999*
*sur les presses de Cox & Wyman Ltd*
*(Angleterre)*

POCKET – 12, avenue d'Italie, 75627 Paris Cedex 13
Tél: 01.44.16.05.00